Schadensersatz statt der Leistung bei gegenseitigen Verträgen

AF821310

Europäische Hochschulschriften
Publications Universitaires Européennes
European University Studies

**Reihe II**
**Rechtswissenschaft**

Série II Series II
Droit
Law

**Bd./Vol. 4609**

PETER LANG
Frankfurt am Main · Berlin · Bern · Bruxelles · New York · Oxford · Wien

Daniel Strupp

# Schadensersatz statt der Leistung bei gegenseitigen Verträgen

PETER LANG
Internationaler Verlag der Wissenschaften

**Bibliografische Information der Deutschen Nationalbibliothek**
Die Deutsche Nationalbibliothek verzeichnet diese Publikation in der Deutschen Nationalbibliografie; detaillierte bibliografische Daten sind im Internet über <http://www.d-nb.de> abrufbar.

Zugl.: Bochum, Univ., Diss., 2007

D 294
ISSN 0531-7312
ISBN 978-3-631-57071-5

© Peter Lang GmbH
Internationaler Verlag der Wissenschaften
Frankfurt am Main 2007
Alle Rechte vorbehalten.

Das Werk einschließlich aller seiner Teile ist urheberrechtlich geschützt. Jede Verwertung außerhalb der engen Grenzen des Urheberrechtsgesetzes ist ohne Zustimmung des Verlages unzulässig und strafbar. Das gilt insbesondere für Vervielfältigungen, Übersetzungen, Mikroverfilmungen und die Einspeicherung und Verarbeitung in elektronischen Systemen.

www.peterlang.de

*Für Bianka,*
*meine Eltern und*
*meinen Bruder*

## *Vorwort*

Die vorliegende Arbeit wurde von der Juristischen Fakultät der Ruhr-Universität Bochum im Sommersemester 2007 als Dissertation angenommen. Rechtsprechung und Literatur sind bis April 2007 berücksichtigt.

Mein herzlicher Dank gilt Herrn Prof. Dr. Klaus Schreiber, der die Arbeit betreut und mich während meiner Tätigkeit als wissenschaftlicher Mitarbeiter an seinem Lehrstuhl vielseitig unterstützt und gefördert hat. Danken möchte ich ferner Herrn Prof. Dr. Bernd Schildt für die Übernahme des Zweitgutachtens.

Bochum, im Mai 2007

*Daniel Strupp*

*Inhaltsverzeichnis*

# KAPITEL 1. EINLEITUNG

## A. Das Problem

Die §§ 281 Abs. 1 S. 1 Alt. 1, 283 S. 1, 311a Abs. 2 S. 1 BGB gewähren Ansprüche auf Schadensersatz statt der Leistung.[1] § 283 S. 1 BGB ist einschlägig, wenn der Schuldner aufgrund nachträglich eingetretener Unmöglichkeit oder Unzumutbarkeit nicht zu leisten braucht. Liegt ein solches Leistungshindernis schon bei Vertragsschluss vor, findet § 311a Abs. 2 S. 1 BGB Anwendung. § 281 Abs. 1 S. 1 Alt. 1 BGB setzt voraus, dass der Schuldner eine Leistung trotz Fälligkeit und Fristsetzung nicht erbringt. Damit sind die Fälle der Leistungsverzögerung erfasst.[2] Geschützt wird das positive Interesse des Gläubigers: Er ist so zu stellen, wie er stünde, wenn der Schuldner ordnungsgemäß erfüllt hätte.[3] Gemäß § 249 Abs. 1 BGB hat der Schadensausgleich grundsätzlich im Wege der Naturalrestitution zu erfolgen. Jedoch ist der Schuldner gemäß § 275 BGB bzw. § 281 Abs. 4 BGB von seiner ursprünglichen Erfüllungspflicht befreit. Deshalb ist der Schadensersatz statt der Leistung regelmäßig nicht auf Naturalrestitution, sondern gemäß § 251 Abs. 1 BGB auf Geld gerichtet.[4]

Schwierigkeiten bereitet die Frage, in welchem Umfang der Schuldner zum Schadensersatz verpflichtet ist, wenn die Leistungsstörung bei einem gegenseitigen Vertrag auftritt. Kennzeichnend für gegenseitige Verträge ist die wechselseitige Abhängigkeit der vertraglichen Hauptleistungspflichten. Jeder Vertragspartner verpflichtet sich nur, um die Gegenleistung des anderen zu erhalten. Für die Berechnung der Schadensersatzansprüche aus §§ 281 Abs. 1 S. 1 Alt. 1, 283 S. 1, 311a Abs. 2 S. 1 BGB ergibt sich aus diesem Abhängigkeitsverhältnis ein Problem: Weil der Schuldner von seiner Erfüllungspflicht befreit ist (§§ 275, 281 Abs. 4 BGB), muss geklärt werden, ob die Gegenleistungspflicht des Gläubigers ebenfalls erlischt und ob dieser Umstand bei der Schadensberechnung zu berücksichtigen ist. Die §§ 281, 283, 311a BGB enthalten aber keine Regelung über das Schicksal der Gegenleistungspflicht.

---

[1] Ohne praktische Bedeutung ist die Frage, ob zu den §§ 281, 283 BGB noch § 280 BGB herangezogen werden muss. Dagegen spricht, dass die §§ 281, 283 BGB durch ihre jeweilige Verweisung auf § 280 BGB selbst alle Anspruchsvoraussetzungen enthalten (zutreffend *Hirsch*, Allgemeines Schuldrecht, Rdn. 578 , Rdn. 677).

[2] BT-Drs. 14/6040, S. 138.

[3] *Emmerich*, Leistungsstörungen, § 13 Rdn. 8; *Huber/Faust*, Schuldrechtsmodernisierung, Kap. 3 Rdn. 181; *Lorenz/Riehm*, Schuldrecht, Rdn. 207; MünchKomm/*Emmerich*, Bd. 2a, vor § 281 Rdn. 7; *Palandt/Heinrichs* (2007), § 281 Rdn. 17; *Staudinger/Otto* (2004), § 280 Rdn. E 5.

[4] *Bamberger/Roth/Grüneberg*, § 281 Rdn. 34; *Lorenz/Riehm*, Schuldrecht, Rdn. 207; *Palandt/Heinrichs* (2007), § 281 Rdn. 17.

Die Lösung des Problems war bereits für den Schadensersatz wegen Nichterfüllung gemäß §§ 325 Abs. 1 S. 1 Alt. 1, 326 Abs. 1 S. 2 Alt. 1 BGB a. F.[5] umstritten. Hier standen sich zwei Grundauffassungen gegenüber: Die Differenztheorie und die Surrogationstheorie. Nach der Differenztheorie war der ersatzberechtigte Gläubiger von seiner Gegenleistungspflicht befreit. Der Schadensersatz wegen Nichterfüllung sei die Differenz aus dem Wert beider Leistungen. Demgegenüber gingen die Anhänger der Surrogationstheorie davon aus, dass der Gläubiger weiterhin erfüllen musste. Als Schadensersatz sollte der Schuldner den vollen Wert seiner ausgebliebenen Leistung zu zahlen haben. Durchgesetzt hatte sich eine vermittelnde Ansicht. Ihr zufolge konnte der Gläubiger zwischen beiden Berechnungsmethoden wählen, solange er selbst noch nicht geleistet hatte. Ab diesem Zeitpunkt sollte grundsätzlich nur noch die Surrogationstheorie anwendbar sein. Diese sog. eingeschränkte Differenztheorie wurde in der ganz überwiegenden Literatur vertreten. Auch die Rechtsprechung war ihr lange Zeit gefolgt. Jedoch rückte der BGH zuletzt von der eingeschränkten Differenztheorie ab.[6] Dadurch wurde die Diskussion neu belebt.[7]

Das Gesetz zur Modernisierung des Schuldrechts[8] brachte eine Zäsur in die Auseinandersetzung. Es enthält Regelungen, die das dogmatische Umfeld des Problems grundlegend verändern. In der Literatur hat sich inzwischen ein breites Meinungsspektrum herausgebildet. Teilweise wird der Schadensersatz statt der Leistung ausschließlich nach der Surrogationstheorie berechnet. Auf der anderen Seite sammelt sich unter dem Stichwort „Differenztheorie" eine Vielzahl von Autoren, von denen einige die Differenztheorie ausnahmslos anwenden und andere Einschränkungen zugunsten der Surrogationstheorie machen. Das entstandene Bild ist unübersichtlich. Eine höchstrichterliche Stellungnahme steht noch aus.

## B. Praktische Relevanz

Der Bedarf nach einer klaren Handhabung des Problems ergibt sich aus seiner praktischen Relevanz. Gegenseitige Verträge wie Kauf- oder Werkverträge sind im Rechtsverkehr allgegenwärtig. Zu unterschiedlichen Ergebnissen kommen die Differenz- und die Surrogationstheorie schon in folgendem einfachen Fall:

---

5 In der Fassung bis zum 31.12.2001.

6 BGH NJW 1994, 3351 (in ausdrücklicher Abkehr von BGHZ 20, 338, 343); bestätigt durch BGH DB 1995, 2007, 2008; NJW 1999, 3115, 3117.

7 Vgl. *Kaiser*, NJW 2001, 2425 ff.; MünchKomm/*Emmerich*, Bd. 2 (2001), § 326 Rdn. 101 jew. m. w. N.

8 Ges. v. 26.11.2001 (BGBl. I, S. 3138).

*Fall 1*[9]
V und K schließen einen notariellen Kaufvertrag über ein Grundstück des V. Das Grundstück hat einen Verkehrswert von 50.000,- €, der vereinbarte Kaufpreis beträgt 60.000,- €. Trotz Fälligkeit und Fristsetzung zahlt K den Kaufpreis nicht. Nach fruchtlosem Fristablauf verlangt V gemäß § 281 Abs. 1 S. 1 Alt. 1 BGB Schadensersatz statt der Leistung.

Folgt man der Differenztheorie, wird V von seiner Gegenleistungspflicht zur Auflassung des Grundstücks frei. Gemäß § 281 Abs. 1 S. 1 Alt. 1 BGB kann er die Differenz aus dem Kaufpreis (60.000,- €) und dem Wert des Grundstücks (50.000,- €) und damit 10.000,- € verlangen. Legt man hingegen die Surrogationstheorie zugrunde, bleibt V zur Auflassung verpflichtet. Im Gegenzug steht ihm ein Schadensersatzanspruch i. H. v. 60.000,- € zu.

Auch bei Tauschverträgen hängt der Umfang des Schadensersatzes statt der Leistung von der jeweiligen Berechnungsmethode ab.

*Fall 2*
M tauscht sein Motorrad (Wert: 5.000,- €) gegen den PKW (Wert: 6.000,- €) des P.
a) Vor dem Leistungsaustausch verursacht P schuldhaft einen Verkehrsunfall, bei dem der PKW vollständig zerstört wird. M verlangt gemäß § 283 S. 1 BGB Schadensersatz statt der Leistung.
b) Trotz Fälligkeit und Fristsetzung liefert P den PKW nicht. Nach fruchtlosem Ablauf der Frist macht M gemäß § 281 Abs. 1 S. 1 Alt. 1 BGB Schadensersatz statt der Leistung geltend.

Nach der Differenztheorie ist M in beiden Fällen von seiner Gegenleistungspflicht zur Lieferung des Motorrads befreit. Als Schadensersatz muss P die Differenz aus dem Wert des PKW (6.000,- €) und dem Wert des Motorrads (5.000,- €) zahlen. Danach ergibt sich jeweils ein Anspruch des M i. H. v. 1.000,- €. Wendet man die Surrogationstheorie an, bleibt M zur Lieferung des Motorrads verpflichtet. Im Gegenzug hat er gegen P einen Schadensersatzanspruch i. H. v. 6.000,- €.

Allgemein ist die Frage, ob der Schadensersatz statt der Leistung nach der Differenz- oder nach der Surrogationstheorie zu berechnen ist, immer dann fallentscheidend, wenn der Gläubiger als Gegenleistung eine Sache zu übereignen hat.

---

9 Nach BGH NJW 1994, 3351.

Schuldet er eine Geldleistung, sind zumindest die praktischen Unterschiede zwischen beiden Ansätzen gering.

*Fall 3*

K kauft von V ein Gemälde (Wert: 5.500,- €) für 5.000,- €.

a) Vor der Übergabe wird das Gemälde bei einem von V verschuldeten Brand zerstört. K begehrt nach § 283 S. 1 BGB Schadensersatz statt der Leistung.

b) Trotz Fälligkeit und Fristsetzung liefert V das Gemälde nicht. Nach fruchtlosem Ablauf der Frist verlangt K gemäß § 281 Abs. 1 S. 1 Alt. 1 BGB Schadensersatz statt der Leistung.

Nach der Differenztheorie wird K jeweils von seiner Kaufpreiszahlungspflicht frei. Sein Schaden besteht in der Differenz aus dem Wert des Gemäldes (5.500,- €) und dem vereinbarten Kaufpreis (5.000,- €). Demnach hat K gegen V einen Anspruch i. H. v. 500,- €. Folgt man der Surrogationstheorie, schuldet K zwar weiterhin den Kaufpreis; im Wege der Aufrechnung (§ 389 BGB) ergibt sich jedoch ebenfalls ein Schadensersatzanspruch i. H. v. 500,- €.

## C. Eingrenzung des Themas und Gang der Untersuchung

Ziel der vorliegenden Arbeit ist es zu klären, wie der Schadensersatz statt der Leistung bei gegenseitigen Verträgen zu berechnen ist, ob also die Differenz- oder die Surrogationstheorie Anwendung findet. Im Vordergrund steht damit die Rechtsfolgenseite der §§ 281 Abs. 1 S. 1 Alt. 1, 283 S. 1, 311a Abs. 2 S. 1 BGB. Deren Tatbestandsvoraussetzungen werden nur insoweit erörtert, als es für den Untersuchungsgegenstand erforderlich ist.

Von der Streitfrage abzugrenzen ist insbesondere das Problemfeld *kleiner* und *großer* Schadensersatz. Dieses Begriffspaar spielt im Gewährleistungsrecht eine Rolle. Kleiner Schadensersatz bedeutet, dass der Gläubiger die mangelhafte Sache behält und nur deren Minderwert ersetzt verlangt. Begehrt er großen Schadensersatz, gibt er die mangelhafte Sache an den Schuldner zurück und fordert ihren vollen Wert.[10] Nachfolgend werden aber keine Gewährleistungsfälle behandelt, sondern Fälle der Unmöglichkeit und der Leistungsverzögerung. Es geht um die Frage, ob und ggf. wie die nicht gestörte Gegenleistungspflicht des Gläubigers bei der Schadensberechnung zu berücksichtigen ist.

---

[10] Einzelheiten zum kleinen und großen Schadensersatz bei *Erman/Grunewald* (2004), § 437 Rdn. 16 ff. m. w. N.

Die Untersuchung beginnt mit einer Darstellung des Meinungsstands.[11] Zunächst wird ein Überblick über die Lösungsansätze zu §§ 325, 326 BGB a. F. gegeben. Anschließend werden die Lehrmeinungen zum neuen Recht aufgezeigt. Das Kernstück der Arbeit bildet die kritische Analyse des Problems.[12] Darin wird untersucht, welches Schicksal die Gegenleistungspflicht des Gläubigers in den Fällen der §§ 281 Abs. 1 S. 1 Alt. 1, 283 S. 1, 311a Abs. 2 S. 1 BGB hat und welche Folgen sich daraus für die Schadensberechnung ergeben. Sodann werden praktische Konsequenzen der gefundenen Ergebnisse erörtert.[13] Die Untersuchung schließt mit einem zusammenfassenden Lösungsvorschlag.[14]

---

11 Kap. 2.

12 Kap. 3.

13 Kap. 4.

14 Kap. 5.

# KAPITEL 2. MEINUNGSSTAND

## A. Überblick über den Meinungsstand zum alten Recht

### *I. Gesetzliche Ausgangslage*

Die §§ 325 Abs. 1 S. 1 Alt. 1, 326 Abs. 1 S. 2 Alt. 1 BGB a. F. berechtigten den Gläubiger eines gegenseitigen Vertrages zum Schadensersatz wegen Nichterfüllung. § 325 BGB a. F. setzte eine vom Schuldner zu vertretende Unmöglichkeit der ihm obliegenden Hauptleistung voraus. § 326 BGB a. F. war einschlägig, wenn der Schuldner in Verzug geriet. Der ursprüngliche Erfüllungsanspruch des Gläubigers war erloschen, und zwar gemäß § 275 BGB a. F. bzw. § 326 Abs. 1 S. 2 Hs. 2 BGB a. F.

Nicht geregelt war, welches Schicksal die Gegenleistungspflicht hatte. Brauchte der Schuldner wegen Unmöglichkeit nicht zu leisten, wurde der Gläubiger zwar gemäß § 323 Abs. 1 BGB a. F. frei. Diese Bestimmung setzte aber voraus, dass keine Vertragspartei das Leistungshindernis zu vertreten hatte; sie war also gerade im Fall des § 325 BGB a. F. nicht einschlägig. Nach § 325 Abs. 1 S. 1 Alt. 2 BGB a. F. bzw. § 326 Abs. 1 S. 2 Alt. 2 BGB a. F. konnte der Gläubiger vom Vertrag zurücktreten. Mit dem Rücktritt verlor er jedoch seinen Schadensersatzanspruch, weil sich beide Rechtsbehelfe gegenseitig ausschlossen.[15] Die Alternativität ergab sich aus dem Wortlaut der §§ 325 Abs. 1 S. 1, 326 Abs. 1 S. 2 BGB a. F. Danach war der Gläubiger berechtigt, Schadensersatz wegen Nichterfüllung zu verlangen *oder* vom Vertrag zurückzutreten. Die Verfasser des BGB a. F. begründeten diese Formulierung wie folgt:

> „*Der Entw. stellt das Rücktrittsrecht dem Gläubiger nur zur Wahl neben den Schadensersatzanspruch. In Uebereinstimmung mit HGB. 354, 355 ist hiernach die Geltendmachung irgend eines Schadensersatzanspruches neben dem Rücktritte ausgeschlossen (...). Rücktritt und aus dem Vertrage entspringender Anspruch auf Schadensersatz schließen sich aus. Denn der Rücktritt soll die Betheiligten in die Lage versetzen, als ob der Vertrag nicht geschlossen wäre (...). Hiermit verträgt sich ein Anspruch auf das Erfüllungsinteresse nicht (...). Das Interesse des Gläubigers ist durch das Wahlrecht genügend gewahrt.*“[16]

---

[15] RGZ 50, 255, 266 f.; 61, 128, 130; 85, 280, 282; 109, 184, 186; 126, 65, 69; RG JW 1926, 2906; BGHZ 126, 131, 136; BGH NJW 1982, 1279, 1280; NJW-RR 1988, 1100; *Erman/Battes* (2000), § 325 Rdn. 25; *Huber*, Leistungsstörungen II, § 37 I, S. 199 f.; *Larenz*, Schuldrecht I, § 22 II a, S. 339; einschr. *M. Wolf*, JurA 1969, S. 119, 128; krit. auch MünchKomm/*Emmerich*, Bd. 2 (2001), § 325 Rdn. 66; *Soergel/Wiedemann*, Bd. 2 (1990), § 325 Rdn. 35 f.

[16] Motive II, S. 210 f.; *Mugdan* II, S. 116.

Welche Konsequenzen diese Ausgangslage für die Berechnung des Schadensersatzes wegen Nichterfüllung hatte, wurde unterschiedlich beurteilt.

### *II. Surrogationstheorie*

Nach der Surrogationstheorie[17] blieb der ersatzberechtigte Gläubiger zur Gegenleistung verpflichtet und musste der Schuldner den vollen Wert seiner ausgebliebenen Leistung als Schadensersatz bezahlen. Man sprach auch von Austauschtheorie[18], weil der Gläubiger den Schadensersatzanspruch nur geltend machen konnte, wenn er seinerseits erfüllte. Hatte er die Gegenleistung bereits erbracht, sollte er sie nicht zurückverlangen können.[19]

Zur Begründung wurde auf den Wortlaut der §§ 325, 326 BGB a. F. verwiesen. Der dort verwendete Terminus „Nichterfüllung" beziehe sich nur auf die Schuldnerleistung; an ihre Stelle trete der Schadensersatzanspruch.[20] Dieses Begriffsverständnis werde durch einen Vergleich mit den §§ 280, 286 Abs. 2 BGB a. F. gestützt.[21] Dort war der Schadensersatz wegen Nichterfüllung bei einseitigen Schuldverhältnissen geregelt. Weil bei einseitigen Schuldverhältnissen keine Gegenleistung existiere, könne mit dem Ausdruck „Nichterfüllung" nur die Verbindlichkeit des Schuldners gemeint sein.[22] Für die §§ 325, 326 BGB a. F. gelte nichts anderes, denn es entspreche allgemeinen Auslegungsregeln, dass das Gesetz ein und denselben Begriff nicht unterschiedlich gebrauche.[23] Auf der anderen Seite müsse der Gläubiger weiter erfüllen. Daran sollte insbesondere der Umstand nichts ändern, dass der Schuldner von seiner Erfüllungspflicht gemäß § 275 BGB a. F. bzw. § 326 Abs. 1 S. 2 Hs. 2 BGB a. F. befreit war. Nach dem BGB seien Haupt- und Gegenleistung nämlich grundsätzlich selbständig.[24] Das in §§ 320 bis 327 BGB a. F. zum Ausdruck kommende

---

[17] Die Surrogationstheorie wurde vor allem kurz nach In-Kraft-Treten des BGB vertreten, vgl. *Kisch*, JherJb 44 (1902), S. 68 ff.; *Kleineidam*, Unmöglichkeit (1900), S. 144 ff.; *v. Mayr*, in: 27. DJT (1904), S. 167 ff.; *Oertmann*, § 325 Anm. 1 b δ; *Titze*, Unmöglichkeit (1900), S. 183 ff.; *v. Tuhr*, DJZ 1904, 759 ff. In neuerer Zeit vertraten sie *Witter*, Die Differenztheorie im Schadensersatzrecht (1980), passim und *E. Wolf*, Schuldrecht I, § 9 F V b 3 bb, S. 476 ff.

[18] So *Oertmann*, § 325 Anm. 1 b β.

[19] *v. Mayr*, in: 27. DJT (1904), S. 167, 170.

[20] *Kisch*, JherJb 44 (1902), S. 68, 97; *v. Mayr*, in: 27. DJT (1904), S. 167, 178; *Oertmann*, § 325 Anm. 1 b δ.

[21] *Kisch*, JherJb 44 (1902), S. 68, 97; *v. Mayr*, in: 27. DJT (1904), S. 167, 178.

[22] *Kisch*, JherJb 44 (1902), S. 68, 97; *v. Mayr*, in: 27. DJT (1904), S. 167, 178.

[23] *Kisch*, JherJb 44 (1902), S. 68, 97 ff.; ähnlich *v. Mayr*, in: 27. DJT (1904), S. 167, 178.

[24] *Oertmann*, § 325 Anm. 1 b δ εε.

Abhängigkeitsverhältnis beziehe sich nur auf die Geltendmachung der Leistungspflichten, nicht aber auf ihre Begründung und ihren Fortbestand.[25] § 323 Abs. 2 BGB a. F. belege vielmehr, dass das Ausbleiben der Erfüllung durch den Schuldner nicht zur Befreiung des Gläubigers führe.[26] Nach dieser Bestimmung bestand die Gegenleistungspflicht fort, wenn der Schuldner für seine unmöglich gewordene Leistung einen Ersatz oder einen Ersatzanspruch erlangt hatte und zur Herausgabe des Ersatzes bzw. zur Abtretung des Ersatzanspruchs aufgefordert wurde. Dem liege der allgemeine Gedanke zugrunde, dass der Gläubiger weiter erfüllen müsse, wenn der Schuldner statt des bisher geschuldeten Objekts einen anderen Vermögensgegenstand zu leisten habe. Diese Intention lasse sich auf den Fall, dass der Schuldner an Stelle seiner ausgebliebenen Leistung zum Schadensersatz wegen Nichterfüllung verpflichtet sei, übertragen.[27]

Der Differenztheorie wurde entgegengehalten, dass sie zu einer unzulässigen Kumulation von Rücktritt und Schadensersatz führe.[28] Die Zurückhaltung der eigenen Leistung durch den Gläubiger sei im praktischen Ergebnis nichts anderes als eine rücktrittsgleiche Lösung vom Vertrag.[29]

### *III. Differenztheorie*

Nach der Differenztheorie[30] musste bei der Schadensberechnung nicht nur die ausgebliebene Schuldnerleistung, sondern auch die Gegenleistung des Gläubi-

---

25 Vgl. *Kisch*, JherJb 44 (1902), S. 68, 75 ff.; ähnlich *E. Wolf*, Schuldrecht I, § 9 F V b 3 bb, S. 478.

26 *Kisch*, JherJb 44 (1902), S. 68, 76 f.

27 *Kisch*, JherJb 44 (1902), S. 68, 77.

28 *Kisch*, JherJb 44 (1902), S. 68, 116; *v. Mayr*, in: 27. DJT (1904), S. 167, 187.

29 *Kisch*, JherJb 44 (1902), S. 68, 116.

30 RGZ 50, 255, 264 ff.; 96, 20, 23; 127, 245, 248; 141, 259, 261 f.; RG JW 1931, 1183, 1184; BGHZ 20, 338, 343; 87, 156, 158 f.; 126, 131, 135 f.; BGH NJW 1994, 3351; NJW 1999, 3115, 3117; DB 1995, 2007, 2008; WM 1981, 791; WM 1983, 418.

Aus der älteren Literatur: *Enneccerus/Lehmann*, Schuldrecht, § 53 IV, S. 229 ff.; *Heck*, Schuldrecht, S. 132 f.; *Kipp*, in: 27. DJT (1904), S. 249 ff.; *Planck/Siber* (1914), § 325 Anm. 1 a; *Schöller*, in: Gruchot 44 (1900), S. 603 ff.; *ders.*, in: Gruchot 45 (1901), S. 511 ff.; *Staffel*, AcP 92 (1902), S. 467 ff.

Aus der neueren Literatur: *Erman/Battes* (2000), § 325 Rdn. 6 ff.; *Huber*, Leistungsstörungen II, § 36 I 4, S. 183 ff.; *Larenz*, Schuldrecht I, § 22 II 2 b, S. 341 f.; MünchKomm/*Emmerich*, Bd. 2 (2001), § 325 Rdn. 61 ff., § 326 Rdn. 101; *Palandt/Heinrichs* (2002), § 325 Rdn. 10 ff.; RGRK/*Ballhaus*, § 325 Rdn. 13 ff.; *Soergel/Wiedemann*, Bd. 2 (1990), § 325 Rdn. 31 ff., § 326 Rdn. 71 ff.; *Staudinger/Otto* (2001), § 325 Rdn. 40 ff., § 326 Rdn. 157.

gers berücksichtigt werden. Der in §§ 325, 326 BGB a. F. verwendete Begriff „Nichterfüllung“ beziehe sich auf den ganzen Vertrag.[31] Es entstehe ein einseitiges, am Erfüllungsinteresse des Gläubigers ausgerichtetes Abrechnungsverhältnis, innerhalb dessen Leistung und Gegenleistung nur noch unselbständige Rechnungsposten seien.[32] Der Schadensersatz wegen Nichterfüllung bestehe in der Differenz aus dem Wert beider Leistungen.[33] Dieser Anspruch entstehe naturgemäß nur dann, wenn die ausgebliebene Schuldnerleistung mehr wert sei als die Gegenleistung des Gläubigers; andernfalls erledige sich der Vertrag von selbst.[34]

Zu einer Kombination von Rücktritt und Schadensersatz komme es mit der Differenztheorie nicht.[35] Trete der Gläubiger zurück, bringe er zum Ausdruck, auf die weitere Vertragsdurchführung zu verzichten. Dagegen bedeute Schadensersatz wegen Nichterfüllung, dass er gerade am Vertrag festhalte und Rechte aus ihm geltend mache.[36] Der Surrogationstheorie warf man vor, sie verstoße gegen das Wesen des gegenseitigen Vertrages, indem sie die Gegenleistungspflicht bei der Schadensberechnung unberücksichtigt ließ.[37] Haupt- und Gegenleistung seien nicht selbständig und unabhängig voneinander, sondern müssten zusammen betrachtet werden.[38] Entfalle die Erfüllungspflicht des Schuldners, werde auch der Gläubiger frei.[39]

Umstritten war, ob die Surrogationstheorie zumindest im Einzelfall angewendet werden konnte, ob der Gläubiger also leisten durfte.

---

31 RGZ 50, 255, 263; *Larenz*, Schuldrecht I, § 22 II b, S. 341; RGRK/*Ballhaus*, § 325 Rdn. 13; *Schöller*, in: Gruchot 44 (1900), S. 603, 625.

32 RGZ 141, 259, 262; BGHZ 87, 156, 159; 126, 131, 136; BGH WM 1983, 418; ähnlich *Larenz*, Schuldrecht I, § 22 II b, S. 341; *Staudinger/Otto* (2001), § 325 Rdn. 40.

33 RGZ 127, 245, 248; BGHZ 126, 131, 136; *Huber*, Leistungsstörungen II, § 36 I 3, S. 180; *Larenz*, Schuldrecht I, § 22 II b, S. 341; *Palandt/Heinrichs* (2002), § 325 Rdn. 10; *Staudinger/Otto* (2001), § 325 Rdn. 40.

34 *Huber*, Leistungsstörungen II, § 36 I 3, S. 180.

35 RGZ 50, 255, 266 f.; *Schöller*, in: Gruchot 45 (1901), S. 511, 519.

36 RGZ 50, 255, 266 f.; *Schöller*, in: Gruchot 45 (1901), S. 511, 519.

37 *Schöller*, in: Gruchot 45 (1901), S. 511, 520; ähnlich *Huber*, Leistungsstörungen II, § 36 I 4, S. 183; RGRK/*Ballhaus*, § 325 Rdn. 13.

38 *Huber*, Leistungsstörungen II, § 36 I 4, S. 183; *Staffel*, AcP 92 (1902), S. 467, 468.

39 *Huber*, Leistungsstörungen II, § 36 I 4, S. 183; *Schöller*, in: Gruchot 45 (1901), S. 511, 520 f.; *Staffel*, AcP 92 (1902), S. 467, 468.

### *1. Strenge Differenztheorie*

Nach der sog. strengen Differenztheorie[40] musste der Schadensersatz wegen Nichterfüllung immer nach der Differenztheorie berechnet werden. Es wurde nicht zugelassen, dass der Gläubiger seine eigene Leistung anbot und vom Schuldner vollen Ersatz für den ausgebliebenen Gegenstand verlangte.

Diese Ansicht wurde allerdings nicht einheitlich für die §§ 325, 326 BGB a. F. vertreten. Der BGH[41] wendete die strenge Differenztheorie allein für den Anspruch aus § 326 BGB a. F. an und hier auch nur insoweit, als der Gläubiger seinerseits noch nicht geleistet hatte. Ein Teil der Literatur[42] legte die strenge Differenztheorie sowohl bei § 326 BGB a. F. als auch bei § 325 BGB a. F. zugrunde. Sie sollte unabhängig davon gelten, ob der Gläubiger in Vorleistung getreten war. In diesem Fall sei der Schuldner zur Herausgabe des Erlangten nach §§ 812 ff. BGB verpflichtet.[43]

Für § 325 BGB a. F. wurde die strenge Differenztheorie mit § 323 Abs. 1 BGB a. F. begründet: Wenn der Gläubiger schon bei einer beiderseits unverschuldeten Unmöglichkeit frei werde, müsse das erst recht gelten, wenn der Schuldner die Unmöglichkeit zu vertreten habe.[44] Im Hinblick auf § 326 BGB a. F. knüpfte man an die im dortigen Abs. 1 S. 2 Hs. 2 enthaltene Formulierung („der Anspruch auf Erfüllung ist ausgeschlossen") an. Könne der Gläubiger keine Erfüllung mehr beanspruchen, erlösche auch der gegen ihn gerichtete Primäranspruch des Schuldners. Der Vertrag verwandele sich in ein Abwicklungsverhältnis. Diese Verwandlung könne der Gläubiger nicht dadurch wieder rückgängig machen, dass er seine eigene Leistung anbiete.[45]

---

40 BGH NJW 1994, 3351; NJW 1999, 3115, 3117; DB 1995, 2007, 2008; *Schöller*, in: Gruchot 44 (1900), S. 603 ff.; *Soergel/Wiedemann*, Bd. 2 (1990), § 326 Rdn. 72 ff.; *Staffel*, AcP 92 (1902), S. 467 ff.

41 BGH NJW 1994, 3351; NJW 1999, 3115, 3117; DB 1995, 2007, 2008; ebenso *Soergel/Wiedemann*, Bd. 2 (1990), § 326 Rdn. 73.

42 *Schöller*, in: Gruchot 44 (1900), S. 603 ff.; *Staffel*, AcP 92 (1902), S. 467 ff.

43 *Schöller*, in: Gruchot 44 (1900), S. 603, 632 f.; ebenso *Kohler*, Die gestörte Rückabwicklung gescheiterter Austauschverträge (1989), S. 67; *Weitnauer*, in: FS Heidelberg (1967), S. 71, 96 f.

44 *Schöller*, in: Gruchot 44 (1900), S. 603, 613; ähnlich *Staffel*, AcP 92 (1902), S. 467, 471 f.

45 BGH NJW 1994, 3351; DB 1995, 2007, 2008; NJW 1999, 3115, 3117; ebenso *Schöller*, in: Gruchot 44 (1900), S. 603, 640; *Soergel/Wiedemann*, Bd. 2 (1990), § 326 Rdn. 73.

Der strengen Differenztheorie wurde vorgehalten, dass der Gläubiger ein Interesse an der eigenen Vertragserfüllung haben könne.[46] Das sei insbesondere der Fall, wenn der von ihm geschuldete Gegenstand praktisch nur an den Schuldner absetzbar sei.[47] Verweigere man dem Gläubiger, noch zu leisten, könne der ganze Vertragszweck vereitelt werden.[48] Zudem biete die strenge Differenztheorie keine überzeugende Konzeption für den Fall, dass der Gläubiger in Vorleistung getreten sei.[49] Mit einem Herausgabeanspruch aus §§ 812 ff. BGB komme es letztlich doch zu einer unzulässigen Kumulation von schuldrechtlicher Rückabwicklung und Schadensersatz wegen Nichterfüllung.[50]

### *2. Eingeschränkte Differenztheorie*

Die überwiegende Literatur[51] vertrat die sog. eingeschränkte Differenztheorie. Danach war zu unterscheiden: Hatte der Gläubiger seine Gegenleistung noch nicht erbracht, sollte er grundsätzlich zwischen der Differenz- und der Surrogationstheorie wählen dürfen.[52] Damit räumte man ihm die Möglichkeit ein, selbst zu erfüllen und vom Schuldner vollen Schadensersatz für die ausgebliebene Leistung zu verlangen. Jedoch sollte der Gläubiger grundsätzlich nur nach der Surrogationstheorie vorgehen können, wenn er seine Gegenleistung bereits erbracht hatte.[53] Mit dieser Einschränkung wollte man dem Umstand Rechnung tragen, dass sich Rücktritt und Schadensersatz gegenseitig ausschlossen. Nur

---

46 BGHZ 20, 338, 343; *Enneccerus/Lehmann*, Schuldrecht, § 53 IV 1, S. 230; *Kaiser*, Rückabwicklung (2000), S. 88 f.; *dies.*, NJW 2001, 2425, 2426 f.; MünchKomm/*Emmerich*, Bd. 2 (2001), § 325 Rdn. 61; *Oertmann*, § 325 Anm. 1 b δ αα.

47 *Kaiser*, NJW 2001, 2425, 2426; ähnlich *Oertmann*, § 325 Anm. 1 b δ αα.

48 *Oertmann*, § 325 Anm. 1 b δ αα.

49 *Kisch*, JherJb 44 (1902), S. 68, 119 f.; *Larenz*, Schuldrecht I, § 22 II b, S. 341 f.; *Staudinger/Otto* (2001), § 325 Rdn. 42.

50 *Larenz*, Schuldrecht I, § 22 II b, S. 341 f.

51 *Enneccerus/Lehmann*, Schuldrecht, § 53 IV 2, S. 231 f.; *Erman/Battes* (2000), § 325 Rdn. 7 f.; *Heck*, Schuldrecht, S. 133; *Huber*, Leistungsstörungen II, § 36 II, S. 189 ff.; *Kipp*, in: 27. DJT (1904), S. 249 ff.; *Larenz*, Schuldrecht I, § 22 II b, S. 341 ff.; MünchKomm/*Emmerich*, Bd. 2 (2001), § 325 Rdn. 62 ff.; *Palandt/Heinrichs* (2002), § 325 Rdn. 11 ff.; *Planck/Siber* (1914), § 325 Anm. 1 a; RGRK/*Ballhaus*, § 325 Rdn. 15; *Soergel/Wiedemann*, Bd. 2 (1990), § 325 Rdn. 35 f. (nur für § 325 BGB a. F.); *Staudinger/Otto* (2001), § 325 Rdn. 43 ff., § 326 Rdn. 157.

52 *Enneccerus/Lehmann*, Schuldrecht, § 53 IV 2, S. 231; *Erman/Battes* (2000), § 325 Rdn. 7; *Huber*, Leistungsstörungen II, § 36 II S. 189 ff.; *Staudinger/Otto* (2001), § 325 Rdn. 44, § 326 Rdn. 157.

53 *Huber*, Leistungsstörungen II, § 37 III 1, S. 203 ff.; *Palandt/Heinrichs* (2002), § 325 Rdn. 13; *Staudinger/Otto* (2001), § 325 Rdn. 47 ff.; krit. *Erman/Battes* (2000), § 325 Rdn. 8; *Soergel/Wiedemann*, Bd. 2 (1990), § 325 Rdn. 35 f.

ausnahmsweise wurde die Verbindung von Rückgewähr der Gegenleistung und Schadensersatz wegen Nichterfüllung zugelassen: Habe sich der Gläubiger zur Übereignung einer Sache verpflichtet und sei der Übereignungstatbestand noch nicht erfüllt, könne der Herausgabeanspruch aus § 985 BGB eingreifen. Daneben sei es möglich, Schadensersatz wegen Nichterfüllung geltend zu machen.[54] Weil der Herausgabeanspruch sachenrechtlich begründet sei, komme es nicht zu einer unzulässigen Kumulation von schuldrechtlicher Rückabwicklung und Schadensersatz.[55]

Die Rechtsprechung[56] war der eingeschränkten Differenztheorie lange Zeit gefolgt. Für den Schadensersatzanspruch aus § 326 Abs. 1 S. 2 Alt. 1 BGB a. F. rückte der BGH[57] jedoch zuletzt von ihr ab.

## B. Meinungsstand zum neuen Recht

### *I. Gesetzliche Ausgangslage*

Das Gesetz zur Modernisierung des Schuldrechts hat die Ausgangslage grundlegend verändert. Gemäß § 325 BGB wird das Recht, bei einem gegenseitigen Vertrag Schadensersatz zu verlangen, durch den Rücktritt nicht ausgeschlossen. Dadurch ist die in §§ 325 Abs. 1 S. 1, 326 Abs. 1 S. 2 BGB a. F. geregelte Alternativität zwischen Rücktritt und Schadensersatz aufgehoben worden. Anders als § 323 Abs. 1 BGB a. F. regelt § 326 Abs. 1 S. 1 BGB das Schicksal der Gegenleistungspflicht nunmehr auch für den Fall der vom Schuldner zu vertretenden Unmöglichkeit. Danach wird der Gläubiger mit Eintritt des Leistungshindernisses frei. Weitere Neuregelungen enthält § 281 BGB. Nach § 281 Abs. 4 BGB ist der Erfüllungsanspruch des Gläubigers gegen den Schuldner ausgeschlossen, sobald der Anspruch auf Schadensersatz statt der Leistung geltend gemacht wird. Gemäß § 326 Abs. 1 S. 2 Hs. 2 BGB a. F. war der Primäranspruch gegen den Schuldner hingegen schon mit fruchtlosem Ablauf der Nach-

---

54 *Huber*, Leistungsstörungen II, § 37 III 2, S. 204 ff.; *Kaiser*, Rückabwicklung (2000), S. 159 ff.; *Palandt/Heinrichs* (2002), § 325 Rdn. 13; *Staudinger/Otto* (2001), § 325 Rdn. 49.

55 *Huber*, Leistungsstörungen II, § 37 III 2, S. 204 f.; ähnlich *Kaiser*, Rückabwicklung (2000), S. 160.

56 RGZ 96, 20, 22; 141, 259, 261; RG JW 1931, 1183, 1184; BGHZ 20, 338, 343; 87, 156, 159; 126, 131, 136.

57 BGH NJW 1994, 3351; bestätigt durch BGH DB 1995, 2007, 2008; NJW 1999, 3115, 3117; ebenso *Soergel/Wiedemann*, Bd. 2 (1990), § 326 Rdn. 73; dazu soeben Kap. 2 A III 1.

frist erloschen. Anders als § 326 BGB a. F. schreibt § 281 BGB auch nicht mehr vor, dass der Gläubiger seine Fristsetzung mit einer Ablehnungsandrohung verbinden muss.

Wie der Schadensersatz statt der Leistung bei gegenseitigen Verträgen nach dieser Gesetzeslage berechnet werden muss, ist umstritten.

### *II. Surrogationstheorie*

Ein Teil der Literatur[58] wendet nunmehr die Surrogationstheorie und damit jene Berechnungsmethode an, die unter der Geltung des alten Rechts überwiegend[59] abgelehnt wurde. Die Abwicklung des Schadensersatzes statt der Leistung erfolge bei gegenseitigen Verträgen in der Weise, dass der Gläubiger erfülle und im Gegenzug den vollen Wert der ausgebliebenen Schuldnerleistung erhalte.[60]

Wolle der Gläubiger die ihm obliegende Leistung behalten und die Differenz zu der ausgebliebenen Schuldnerleistung geltend machen, könne er dies nicht allein mit dem Schadensersatzanspruch realisieren; vielmehr müsse er zusätzlich vom Vertrag zurücktreten.[61] Die Rechtsfolgen des Rücktritts seien bei der Bestimmung des Schadens zu berücksichtigen; dieser mindere sich um den Wert der ersparten Gegenleistung.[62] Das entspreche zwar der zum alten Recht vertretenen Differenztheorie, stelle aber keine Besonderheit dar, sondern lediglich ein rechnerisches Ergebnis.[63] Mit Einführung des § 325 BGB gebe es keine sachliche Rechtfertigung mehr dafür, die Gegenleistungspflicht auf schadensrechtlichem Wege entfallen zu lassen.[64] Für den Fall des § 283 S. 1 BGB soll ein Rücktritt auch nicht wegen § 326 Abs. 1 S. 1 BGB entbehrlich sein.[65] Zwar werde der Gläubiger nach dem Wortlaut dieser Bestimmung bei einer verschuldeten Unmöglichkeit frei. Jedoch sei § 326 Abs. 1 S. 1 BGB teleologisch zu reduzie-

---

58 *Gsell*, JZ 2004, 643, 647; MünchKomm/*Ernst*, Bd. 2a, § 325 Rdn. 6 ff.; *Soergel/Gsell*, Bd. 5/2, § 325 Rdn. 18; grds. auch *Bamberger/Roth/Grothe*, § 325 Rdn. 5 f.

59 Soeben Kap. 2 A III.

60 *Bamberger/Roth/Grothe*, § 325 Rdn. 6.

61 *Gsell*, JZ 2004, 643, 647; MünchKomm/*Ernst*, Bd. 2a, § 325 Rdn. 8; *Soergel/Gsell*, Bd. 5/2, § 325 Rdn. 18; grds. auch *Bamberger/Roth/Grothe*, § 325 Rdn. 6.

62 *Bamberger/Roth/Grothe*, § 325 Rdn. 6; MünchKomm/*Ernst*, Bd. 2a, § 325 Rdn. 6.

63 *Bamberger/Roth/Grothe*, § 325 Rdn. 6; MünchKomm/*Ernst*, Bd. 2a, § 325 Rdn. 6.

64 *Bamberger/Roth/Grothe*, § 325 Rdn. 5; *Gsell*, JZ 2004, 643, 647; MünchKomm/*Ernst*, Bd. 2a, § 325 Rdn. 8; *Soergel/Gsell*, Bd. 5/2, § 325 Rdn. 18.

65 MünchKomm/*Ernst*, Bd. 2a, § 326 Rdn. 13 f.; ähnlich *Gsell*, JZ 2004, 643, 647; *Soergel/Gsell*, Bd. 5/2, § 326 Rdn. 17; anders offenbar *Bamberger/Roth/Grothe*, § 325 Rdn. 6 a. E.

ren.[66] Habe der Schuldner die Unmöglichkeit zu vertreten, müsse der Gläubiger entscheiden können, ob er seinerseits noch erfülle. Andernfalls nehme man ihm die Möglichkeit, noch zu leisten, selbst wenn er wollte.[67] Ein solches Ergebnis sei aber weder erforderlich noch damit zu vereinbaren, dass dem Schuldner die Unmöglichkeit vorzuwerfen sei.[68] In diesem Fall erlösche die Gegenleistungspflicht daher nicht kraft Gesetzes gemäß § 326 Abs. 1 S. 1 BGB, sondern erst aufgrund einer Entscheidung des Gläubigers. Die Vorschrift des § 326 Abs. 5 BGB gewähre ihm insoweit das Recht zum Rücktritt vom Vertrag.[69]

Demgegenüber sei die zum alten Recht entwickelte Differenztheorie nicht mehr anwendbar.[70] Früher sei sie ein Notbehelf gewesen, mit dem sich die gesetzlich nicht vorgesehene Verbindung von Rücktritt und Schadensersatz wegen Nichterfüllung zumindest im Ergebnis habe herbeiführen lassen. Indem § 325 BGB nunmehr die Kombination von Rücktritt und Schadensersatz zulasse, sei die Notwendigkeit einer verkappten Hereinnahme der Rücktrittsfolgen in die Schadensberechnung entfallen.[71]

### *III. Differenztheorie*

Überwiegend[72] wird zum neuen Recht die Differenztheorie vertreten. Die dogmatischen Begründungen sind unterschiedlich je nachdem, ob ein Fall des

---

66 MünchKomm/*Ernst*, Bd. 2a, § 326 Rdn. 14; anders *Soergel/Gsell*, Bd. 5/2, § 326 Rdn. 16.

67 MünchKomm/*Ernst*, Bd. 2a, § 326 Rdn. 13.

68 MünchKomm/*Ernst*, Bd. 2a, § 326 Rdn. 13.

69 MünchKomm/*Ernst*, Bd. 2a, § 326 Rdn. 14; abweichend *Gsell*, JZ 2004, 643, 647; *Soergel/Gsell*, Bd. 5/2, § 326 Rdn. 17: Bei § 326 Abs. 1 S. 1 BGB handele es sich um „*eine Art ipso iure-Rücktritt*".

70 *Bamberger/Roth/Grothe*, § 326 Rdn. 5; MünchKomm/*Ernst*, Bd. 2a, § 325 Rdn. 8; *Soergel/Gsell*, Bd. 5/2, § 325 Rdn. 18.

71 MünchKomm/*Ernst*, Bd. 2a, § 325 Rdn. 9; ähnlich *Bamberger/Roth/Grothe*, § 325 Rdn. 5; *Gsell*, JZ 2004, 643, 647; *Soergel/Gsell*, Bd. 5/2, § 325 Rdn. 18.

72 *Arnold*, ZGS 2003, 427, 429 f.; *Bamberger/Roth/Grüneberg*, § 281 Rdn. 33; *Dauner-Lieb*, AnwKomm-BGB, § 281 Rdn. 61, § 283 Rdn. 15; *Dauner-Lieb/Dötsch*, Fälle zum neuen Schuldrecht, S. 20, S. 102; *Eckert*, Schuldrecht AT, Rdn. 340 ff.; *Erman/Westermann* (2004), § 281 Rdn. 25; *Fikentscher/Heinemann*, Schuldrecht, Rdn. 433, Rdn. 479; *Füssenich*, JA 2004, 403, 404 f.; *Homann*, JuS 2002, 554, 555; *Huber/Faust*, Schuldrechtsmodernisierung, Kap. 3 Rdn. 193, Rdn. 205; *Hütte/Helbron*, Schuldrecht AT, Rdn. 692, Rdn. 734; *Jauernig/Stadler*, § 281 Rdn. 18; *Kohte/Willingmann/Hirse*, Kompaktkomm-BGB, § 281 Rdn. 24 ff., § 283 Rdn. 7 ff.; *Krause*, JURA 2002, 299, 304; *Looschelders*, Schuldrecht AT, Rdn. 670 ff.; *Lorenz/Riehm*, Schuldrecht, Rdn. 211 ff.; *Matheus*, JuS 2002, 209, 213; MünchKomm/*Emmerich*, Bd. 2a, vor § 281 Rdn. 28 f.; *Palandt/Heinrichs* (2007), § 281 Rdn. 20; *Reischl*, JuS 2003, 453, 459 f.; *Schulze*, in: Handkomm-BGB, § 281 Rdn. 13; *Schwarze*, JURA 2002, 73, 82; *Staudinger/Otto* (2004),

§ 281 Abs. 1 S. 1 Alt. 1 BGB oder ein Fall der §§ 283 S. 1, 311a Abs. 2 S. 1 BGB vorliegt.

*1. §§ 283 S. 1, 311a Abs. 2 S. 1 BGB*

Für §§ 283 S. 1, 311a Abs. 2 S. 1 BGB wird die Differenztheorie vor allem damit begründet, dass der Gläubiger bei einer vom Schuldner zu vertretenden Unmöglichkeit gemäß § 326 Abs. 1 S. 1 BGB frei wird.[73] Das unterscheide das neue vom alten Recht[74], wo nicht geregelt war, wie sich die verschuldete Unmöglichkeit auf die Gegenleistungspflicht auswirkt. Früher habe der Gläubiger zwar vom Vertrag zurücktreten können; mit dem Rücktritt habe er jedoch seinen Schadensersatzanspruch verloren, weil beide Rechtsbehelfe einander ausschlossen.[75] Wegen § 326 Abs. 1 S. 1 BGB komme es auf einen Rücktritt nicht mehr an.[76] Der Wegfall der Gegenleistungspflicht sei schadensmindernd zu berücksichtigen. Damit komme die Differenztheorie zum Zuge.[77]

Unterschiedliche Ansichten bestehen darüber, ob der Gläubiger zumindest wahlweise nach der Surrogationstheorie vorgehen kann.

a) Strenge Differenztheorie

Ein Teil der Literatur[78] hält die Surrogationstheorie bei §§ 283 S. 1, 311a Abs. 2 S. 1 BGB für unanwendbar. Stattdessen soll die strenge Differenztheorie gelten. Zur Begründung wird darauf verwiesen, dass § 326 Abs. 1 S. 1 BGB zwingend

---

§ 280 Rdn. E 65, § 281 Rdn. B 143 ff., § 283 Rdn. 69, § 325 Rdn. 25 ff.; *Wilhelm*, JZ 2001, 861, 868; *Zimmer*, NJW 2002, 1, 8.

73 *Arnold*, ZGS 2003, 427, 430; *Dauner-Lieb/Dötsch*, Fälle zum neuen Schuldrecht, S. 20; *Homann*, JuS 2002, 554, 555; *Huber/Faust*, Schuldrechtsmodernisierung, Kap. 3 Rdn. 205; *Hütte/Helbron*, Schuldrecht AT, Rdn. 692; *Kohte/Willingmann/Hirse*, Kompaktkomm-BGB, § 283 Rdn. 8; *Schwarze*, JURA 2002, 73, 82; *Staudinger/Otto* (2004), § 283 Rdn. 69 f.; *Wilhelm*, JZ 2001, 861, 868.

74 *Dauner-Lieb/Dötsch*, Fälle zum neuen Schuldrecht, S. 20.

75 Vgl. *Dauner-Lieb/Dötsch*, Fälle zum neuen Schuldrecht, S. 20; *Fikentscher/Heinemann*, Schuldrecht, Rdn. 434.

76 *Dauner-Lieb/Dötsch*, Fälle zum neuen Schuldrecht, S. 20.

77 *Staudinger/Otto* (2004), § 283 Rdn. 69.

78 *Dauner-Lieb/Dötsch*, Fälle zum neuen Schuldrecht, S. 20 f.; *Schwarze*, JURA 2002, 73, 82; *Wilhelm*, JZ 2001, 861, 868; abweichend *Kohte/Willingmann/Hirse*, Kompaktkomm-BGB, § 283 Rdn. 9, wonach die Surrogationstheorie zumindest in dem Fall anwendbar sein soll, dass der Gläubiger vorgeleistet hat.

sei.[79] Habe der Schuldner die Gegenleistung bereits erhalten, sei er zur Rückgewähr verpflichtet.[80] Mit § 326 Abs. 1 S. 1 BGB habe der Gesetzgeber die „uneingeschränkte Differenztheorie“ verwirklicht.[81]

### b) Eingeschränkte Differenztheorie

Nach der eingeschränkten Differenztheorie[82] ist der Gläubiger in den Fällen der §§ 283 S. 1, 311a Abs. 2 S. 1 BGB berechtigt, wahlweise nach der Surrogationstheorie abzurechnen. § 326 Abs. 1 S. 1 BGB stehe dem nicht entgegen. Dort sei nämlich nur geregelt, dass der Gläubiger seine Gegenleistung nicht mehr erbringen müsse und nicht, ob er sie noch erbringen dürfe.[83]

Ein Wahlrecht zwischen beiden Berechnungsmethoden soll der Gläubiger auch dann haben, wenn er in Vorleistung getreten ist.[84] Er könne die erbrachte Gegenleistung beim Schuldner belassen und vollen Schadensersatz fordern oder das Geleistete zurückverlangen und die Differenz aus dem Wert beider Pflichten geltend machen. Die dogmatische Begründung für diese Wahlbefugnis ist allerdings nicht einheitlich. Einige[85] meinen, der Gläubiger treffe seine Entschei-

---

79 *Dauner-Lieb/Dötsch*, Fälle zum neuen Schuldrecht, S. 21; i. E. ebenso *Schwarze*, JURA 2002, 73, 82.

80 *Wilhelm*, JZ 2001, 861, 868, der allerdings keine Anspruchsgrundlage nennt.

81 So *Wilhelm*, JZ 2001, 861, 868; ähnlich *Dauner-Lieb/Dötsch*, Fälle zum neuen Schuldrecht, S. 20: „(...) *wird künftig eine Schadensabwicklung nur nach der Differenzmethode zulässig sein*“.

82 *Arnold*, ZGS 2003, 427, 430 f.; *Dauner-Lieb*, AnwKomm-BGB, § 283 Rdn. 15; *Eckert*, Schuldrecht AT, Rdn. 340 ff.; *Fikentscher/Heinemann*, Schuldrecht, Rdn. 434; *Füssenich*, JA 2004, 403, 404; *Homann*, JuS 2002, 554, 555; *Hütte/Helbron*, Schuldrecht AT, Rdn. 692; *Looschelders*, Schuldrecht AT, Rdn. 672; *Lorenz/Riehm*, Schuldrecht, Rdn. 211 ff.; *Mattheus*, JuS 2002, 209, 213; MünchKomm/*Emmerich*, Bd. 2a, vor § 281 Rdn. 28; *Reischl*, JuS 2003, 453, 460; *Staudinger/Otto* (2004), § 280 Rdn. E 65 ff., 283 Rdn. 70, § 325 Rdn. 27.

83 *Eckert*, Schuldrecht AT, Rdn. 341; *Füssenich*, JA 2004, 403, 404; *Huber/Faust*, Schuldrechtsmodernisierung, Kap. 3 Rdn. 206; *Hütte/Helbron*, Schuldrecht AT, Rdn. 692; *Looschelders*, Schuldrecht AT, Rdn. 672; *Schulze/Ebers*, JuS 2004, 366, 368; *Staudinger/Otto* (2004), § 283 Rdn. 70.

84 *Arnold*, ZGS 2003, 427, 430; *Eckert*, Schuldrecht AT, Rdn. 341 ff.; *Fikentscher/Heinemann*, Schuldrecht, Rdn. 434; *Looschelders*, Schuldrecht AT, Rdn. 670; *Lorenz/Riehm*, Schuldrecht, Rdn. 212 ff.; MünchKomm/*Emmerich*, Bd. 2a, vor § 281 Rdn. 28 f.; *Staudinger/Otto* (2004), § 280 Rdn. E 71 f., § 325 Rdn. 27; so auch *Kohte/Willingmann/Hirse*, Kompaktkomm-BGB, § 283 Rdn. 9.

85 *Eckert*, Schuldrecht AT, Rdn. 341 f.; *Fikentscher/Heinemann*, Schuldrecht, Rdn. 434; *Looschelders*, Schuldrecht AT, Rdn. 670; *Lorenz/Riehm*, Schuldrecht, Rdn. 212;

dung, indem er entweder nur Schadensersatz statt der Leistung verlange oder zusätzlich vom Vertrag zurücktrete. Bei isoliertem Schadensersatzverlangen sei die Surrogationstheorie anzuwenden, bei einer Kombination von Rückritt und Schadensersatz die Differenztheorie. Der Fall der erbrachten Gegenleistung sei der einzige, in dem sich die Neuregelung des § 325 BGB auswirke.[86] Früher sei es dem Gläubiger verwehrt gewesen, eine Vorleistung zurückzuverlangen und zusätzlich Schadensersatz zu fordern. Heute sei diese Abwicklung gemäß § 325 BGB möglich.[87] Nach einer anderen Auffassung[88] braucht der Gläubiger auch bei einer Vorleistung nicht vom Vertrag zurückzutreten, um nach der Differenztheorie vorzugehen. Ein Rückgewähranspruch hinsichtlich der erbrachten Gegenleistung ergebe sich bereits aus § 326 Abs. 4 BGB i. V. m. § 346 Abs. 1 BGB.[89]

*2. § 281 Abs. 1 S. 1 Alt. 1 BGB*

Für den Schadensersatz statt der Leistung gemäß § 281 Abs. 1 S. 1 Alt. 1 BGB wird die Differenztheorie folgendermaßen begründet: Das Gesetz enthalte für den Fall der Leistungsverzögerung zwar keine Vorschrift über das Schicksal der Gegenleistungspflicht. Jedoch könne ebenso wie in den Fällen der §§ 283 S. 1, 311a Abs. 2 S. 1 BGB davon ausgegangen werden, dass der Gläubiger automatisch frei werde.[90] Wenn sein Erfüllungsanspruch mit dem Schadensersatzverlangen gemäß § 281 Abs. 4 BGB ausgeschlossen sei, müsse auch der Erfüllungsanspruch des Schuldners untergehen.[91] Das folge schon aus der synallagmatischen Verknüpfung der Leistungspflichten im gegenseitigen Vertrag.[92]

---

MünchKomm/*Emmerich*, Bd. 2a, vor § 281 Rdn. 28 f.; *Staudinger/Otto* (2004), § 280 Rdn. E 71 f., § 325 Rdn. 27.

86 *Fikentscher/Heinemann*, Schuldrecht, Rdn. 434; MünchKomm/*Emmerich*, Bd. 2a, vor § 281 Rdn. 28 f.; *Staudinger/Otto* (2004), § 325 Rdn. 27.

87 *Fikentscher/Heinemann*, Schuldrecht, Rdn. 434; MünchKomm/*Emmerich*, Bd. 2a, vor § 281 Rdn. 25 f.; *Staudinger/Otto* (2004), § 280 Rdn. E 71.

88 *Arnold*, ZGS 2003, 427, 430; ebenso *Kohte/Willingmann/Hirse*, Kompaktkomm-BGB, § 283 Rdn. 9.

89 *Arnold*, ZGS 2003, 427, 430; *Kohte/Willingmann/Hirse*, Kompaktkomm-BGB, § 283 Rdn. 9.

90 *Arnold*, ZGS 2003, 427, 430; *Dauner-Lieb*, AnwKomm-BGB, § 281 Rdn. 61; *Dauner-Lieb/Dötsch*, Fälle zum neuen Schuldrecht, S. 102; *Füssenich*, JA 2004, 403; *Krause*, JURA 2002, 299, 304; *Staudinger/Otto* (2004), § 280 Rdn. E 65, § 281 Rdn. D 12.

91 *Füssenich*, JA 2004, 403, 404.

92 *Arnold*, ZGS 2003, 427, 430; *Dauner-Lieb*, AnwKomm-BGB, § 281 Rdn. 61; *Staudinger/Otto* (2004), § 281 Rdn. D 12.

Wiederum ist umstritten, ob die Differenztheorie ausnahmslos anzuwenden ist oder ob der Gläubiger zumindest wahlweise nach der Surrogationstheorie abrechnen kann.

a) Strenge Differenztheorie

Einige[93] vertreten für § 281 Abs. 1 S. 1 Alt. 1 BGB in Übereinstimmung mit der neueren Rechtsprechung des BGH zu § 326 BGB a. F.[94] die strenge Differenztheorie. Die Surrogationstheorie könne nicht angewendet werden, weil der Gläubiger von seiner Gegenleistungspflicht befreit sei.[95] Die strenge Differenztheorie führe auch nicht zu unbilligen Ergebnissen. Habe der Gläubiger ein Interesse daran zu erfüllen, könne er am Vertrag festhalten und nach § 280 Abs. 1, Abs. 2 BGB i. V. m. § 286 BGB Ersatz des Verzögerungsschadens verlangen.[96]

b) Eingeschränkte Differenztheorie

Die überwiegende Ansicht[97] lässt auch bei § 281 Abs. 1 S. 1 Alt. 1 BGB eine Schadensberechnung nach der Surrogationstheorie zu. Gegen die strenge Differenztheorie wird eingewendet, dass das Gesetz für den Fall der Leistungsverzögerung gerade keine Regelung über das Schicksal der Gegenleistung enthalte.[98] Aus § 281 Abs. 4 BGB könne jedenfalls nicht hergeleitet werden, dass der Gläubiger nicht mehr erfüllen dürfe.[99] Danach besteht ein Wahlrecht zwischen beiden Berechnungsmethoden.

Nichts anderes soll gelten, wenn der Gläubiger seine Gegenleistung bereits erbracht hat; hier könne er ebenfalls wählen, ob er nach der Differenz- oder nach

---

93 *Dauner-Lieb/Dötsch*, Fälle zum neuen Schuldrecht, S. 102; *Füssenich*, JA 2004, 403, 404 f.; grds. auch *Kohte/Willingmann/Hirse*, Kompaktkomm-BGB, § 281 Rdn. 24.

94 Oben Kap. 2 A III 1.

95 *Dauner-Lieb/Dötsch*, Fälle zum neuen Schuldrecht, S. 102.

96 *Füssenich*, JA 2004, 403, 404 f.; *Kohte/Willingmann/Hirse*, Kompaktkomm-BGB, § 281 Rdn. 25.

97 *Bamberger/Roth/Grüneberg*, § 281 Rdn. 33; *Dauner-Lieb*, AnwKomm-BGB, § 281 Rdn. 63; *Erman/Westermann* (2004), § 281 Rdn. 25; *Jauernig/Stadler*, § 281 Rdn. 18; *Krause*, JURA 2002, 299, 304; *Looschelders*, Schuldrecht AT, Rdn. 673; *Lorenz/Riehm*, Schuldrecht, Rdn. 212 f.; MünchKomm/*Emmerich*, Bd. 2a, vor § 281 Rdn. 28 f.; *Palandt/Heinrichs* (2007), § 281 Rdn. 20; *Reischl*, JuS 2003, 453, 459; *Staudinger/Otto* (2004), § 281 Rdn. B 144; *Zimmer*, NJW 2002, 1, 8 f.; grds. auch *Arnold*, ZGS 2003, 427, 430 f.

98 Vgl. *Krause*, JURA 2002, 299, 304; *Staudinger/Otto* (2004), § 281 Rdn. B 144.

99 *Krause*, JURA 2002, 299, 304.

der Surrogationstheorie abrechnet.[100] Genauso wie zu §§ 283 S. 1, 311a Abs. 2 S. 1 BGB wird diese Einschränkung der Differenztheorie unterschiedlich begründet. Einige[101] meinen, der Gläubiger treffe seine Wahl, indem er den Schadensersatzanspruch entweder isoliert oder in Kombination mit einem Rücktritt geltend mache. Ohne einen Rücktritt komme die Surrogationstheorie zum Zuge, mit ihm die Differenztheorie. Andere[102] halten auch bei einer Vorleistung keinen zusätzlichen Rücktritt für erforderlich, damit der Gläubiger nach der Differenztheorie abrechnen kann. Die Regelung des § 326 Abs. 4 BGB sei auf den Fall des § 281 Abs. 1 S. 1 Alt. 1 BGB zu übertragen. Der Rückforderungsanspruch bestehe also kraft Gesetzes.[103]

---

100 *Arnold*, ZGS 2003, 427, 430 f.; *Dauner-Lieb*, AnwKomm-BGB, § 281 Rdn. 62; *Jauernig/Stadler*, § 281 Rdn. 18; *Looschelders*, Schuldrecht AT, Rdn. 670; *Lorenz/Riehm*, Schuldrecht, Rdn. 212; MünchKomm/*Emmerich*, Bd. 2a, vor § 281 Rdn. 28 f.; *Palandt/Heinrichs* (2007), § 281 Rdn. 22; *Staudinger/Otto* (2004), § 281 Rdn. B 145, § 325 Rdn. 27.

101 *Jauernig/Stadler*, § 281 Rdn. 18; *Looschelders*, Schuldrecht AT, Rdn. 670; *Lorenz/Riehm*, Schuldrecht, Rdn. 212; MünchKomm/*Emmerich*, Bd. 2a, vor § 281 Rdn. 28 f.; *Palandt/Heinrichs* (2007), § 281 Rdn. 22; *Staudinger/Otto* (2004), § 281 Rdn. B 145, § 325 Rdn. 27.

102 *Arnold*, ZGS 2003, 427, 430; *Dauner-Lieb*, AnwKomm-BGB, § 281 Rdn. 62.

103 *Arnold*, ZGS 2003, 427, 430; *Dauner-Lieb*, AnwKomm-BGB, § 281 Rdn. 62.

# KAPITEL 3. KRITISCHE ANALYSE

## A. Vorgehensweise

Der Meinungsstand hat das Kernproblem des Schadensersatzes statt der Leistung bei gegenseitigen Verträgen offen gelegt. Es geht um die Frage, ob der ersatzberechtigte Gläubiger zu seiner Gegenleistung verpflichtet bleibt oder ob er davon befreit ist. Das musste auch bei §§ 325, 326 BGB a. F. geklärt werden. Anders als zum alten Recht schließen sich die beiden Grundpositionen, Differenz- und Surrogationstheorie, aber zumindest im Ergebnis nicht mehr gegenseitig aus. Immerhin halten es die Vertreter der Surrogationstheorie für möglich, dass der Gläubiger frei wird und die Differenz aus dem Wert beider Leistungspflichten verlangt. Hierfür soll er allerdings seinen Schadensersatzanspruch gemäß § 325 BGB mit einem Rücktritt vom Vertrag kombinieren müssen. Demgegenüber gehen die Anhänger der Differenztheorie davon aus, dass die Gegenleistungspflicht automatisch erlischt. Eine Entscheidung zwischen beiden Ansätzen ist schon geboten, um das Verhältnis zwischen § 325 BGB und §§ 281, 283, 311a BGB zu bestimmen. Außerdem muss für den ersatzberechtigten Gläubiger Klarheit darüber bestehen, unter welchen Voraussetzungen er von seiner Erfüllungspflicht frei wird. Hält man einen zusätzlichen Rücktritt für erforderlich, ergibt sich schließlich ein praktisches Folgeproblem: Nach ständiger Rechtsprechung[104] können die Rechtsfolgen des § 346 Abs. 1 BGB nicht beseitigt werden; diese Ansicht müsste auch bei einer Kombination des Rücktritts mit dem Anspruch auf Schadensersatz statt der Leistung berücksichtigt werden.

Vor diesem Hintergrund wird im ersten Teil der kritischen Analyse untersucht, unter welchen Voraussetzungen die Gegenleistungspflicht in den Fällen der §§ 281 Abs. 1 S. 1 Alt. 1, 283 S. 1, 311a Abs. 2 S. 1 BGB erlischt.[105] Es wird entschieden, ob der ersatzberechtigte Gläubiger automatisch frei wird oder ob er dafür zusätzlich vom Vertrag zurücktreten muss. Anschließend wird aufgezeigt, welche Konsequenzen die gefundenen Ergebnisse für die Schadensberechnung haben.[106] Hier sollen insbesondere die Argumente der strengen Differenztheorie überprüft werden. Es geht um die Frage, inwieweit der Wegfall der Gegenleistungspflicht eine Schadensberechnung nach der Surrogationstheorie ausschließt. Im letzten Teil der kritischen Analyse wird der Fall behandelt, dass

---

[104] RGZ 85, 280, 282; 102, 262, 265; 109, 184, 186; 126, 65, 69; RG JW 1904, 536; JW 1910, 229; JW 1932, 1205; BGHZ 88, 46, 48; BGH NJW 1979, 762; NJW 1982, 1279, 1280; NJW 1988, 2877; NJW 1988, 2878; NJW 1995, 449, 450; NJW-RR 1988, 1100; OLG Düsseldorf NJW 1972, 1051.

[105] Kap. 3 B.

[106] Kap. 3 C.

der Schuldner die Gegenleistung bereits erhalten hat. Bei einer solchen Vorleistung ist fraglich, ob und ggf. wie der Gläubiger seinen Anspruch auf Schadensersatz statt der Leistung mit einem Rückgewähranspruch verbinden kann.[107]

## B. Die Befreiung des Gläubigers von der Gegenleistungspflicht

Auf welche Weise der Gläubiger von seiner Gegenleistungspflicht frei wird, hängt von der jeweils einschlägigen Anspruchsnorm ab. In den Fällen der §§ 283 S. 1, 311a Abs. 2 S. 1 BGB kommt eine Befreiung des Gläubigers gemäß § 326 Abs. 1 S. 1 BGB in Betracht. Daneben ist an einen Rücktritt vom Vertrag nach §§ 346 Abs. 1, 326 Abs. 5, 323 BGB zu denken. Ist § 281 Abs. 1 S. 1 Alt. 1 BGB einschlägig, könnte die Gegenleistungspflicht gemäß §§ 346 Abs. 1, 323 Abs. 1 Alt. 1 BGB erlöschen. Eine dem § 326 Abs. 1 S. 1 BGB entsprechende Vorschrift existiert für den Fall der Leistungsverzögerung hingegen nicht. Aufgrund dieser unterschiedlichen Ausgangslagen werden die §§ 283 S. 1, 311a Abs. 2 S. 1 BGB und § 281 Abs. 1 S. 1 Alt. 1 BGB getrennt voneinander untersucht.

### *I. §§ 283 S. 1, 311a Abs. 2 S. 1 BGB*

#### *1. Wegfall der Gegenleistungspflicht gemäß § 326 Abs. 1 S. 1 BGB*

Gemäß § 326 Abs. 1 S. 1 BGB entfällt der Anspruch auf die Gegenleistung, wenn der Schuldner nach § 275 Abs. 1 bis 3 BGB nicht zu leisten braucht. Diese Voraussetzung ist mit derjenigen des § 283 S. 1 BGB identisch. Im Hinblick auf § 311a Abs. 2 S. 1 BGB ergibt sie sich aus § 311a Abs. 1 BGB. Somit liegt es nahe, dass der Gläubiger, der wegen Unmöglichkeit bzw. Unzumutbarkeit Schadensersatz statt der Leistung beanspruchen kann, kraft Gesetzes nicht mehr zu erfüllen braucht.

##### a) Teleologische Reduktion

In der Literatur[108] wird allerdings vertreten, § 326 Abs. 1 S. 1 BGB müsse teleologisch reduziert werden. Der dort vorgesehene Mechanismus einer automatischen Befreiung des Gläubigers sei nicht sachgerecht, wenn der Schuldner die

---

[107] Kap. 3 D.

[108] MünchKomm/*Ernst*, Bd. 2a, § 326 Rdn. 13 ff.

Unmöglichkeit zu vertreten habe.[109] Hier müsse der Gläubiger über das Schicksal seiner eigenen Leistung entscheiden können.[110] Andernfalls nehme man ihm die Möglichkeit, noch zu leisten, wodurch seine Rechtsposition über den Verlust des Erfüllungsanspruchs (§ 275 BGB) hinaus verletzt werden könne. Dieses Problem lasse sich auch nicht dadurch beseitigen, dass man eine Abwicklung nach der Surrogationstheorie zulasse; denn der Wortlaut des § 326 Abs. 1 S. 1 BGB stehe dieser Berechnungsmethode entgegen.[111]

Folgt man dieser Ansicht, so erlischt die Gegenleistungspflicht zumindest im Fall des § 283 S. 1 BGB nicht kraft Gesetzes. Denn dieser Anspruch setzt nach § 280 Abs. 1 S. 2 BGB eine verschuldete Unmöglichkeit voraus.[112] Fraglich ist allerdings, ob die Voraussetzungen für eine teleologische Reduktion gegeben sind. Dann müsste die zu vertretende Unmöglichkeit unter den Wortlaut des § 326 Abs. 1 S. 1 BGB fallen und es müsste dem Sinn und Zweck der Norm widersprechen, dass der Gläubiger auch in diesem Fall ipso iure frei wird.[113]

aa) Wortlaut

Nach dem Wortlaut des § 326 Abs. 1 S. 1 BGB wird der Gläubiger auch dann von seiner Leistungspflicht frei, wenn der Schuldner die Unmöglichkeit zu vertreten hat. Voraussetzung ist nur, dass ein Fall des § 275 Abs. 1 bis 3 BGB vorliegt. In jener Bestimmung wird nicht zwischen einer verschuldeten und einer unverschuldeten Unmöglichkeit differenziert. Auch § 326 Abs. 1 S. 1 BGB nimmt die vom Schuldner zu vertretende Unmöglichkeit nicht ausdrücklich aus seinem Anwendungsbereich heraus. Eine Entscheidung des Gläubigers, insbesondere ein Rücktritt vom Vertrag, ist also nach dem Wortlaut des § 326 Abs. 1 S. 1 BGB keine Voraussetzung für den Wegfall der Gegenleistungspflicht.

bb) Sinn und Zweck

Fraglich ist, ob das Ergebnis aus der Wortlautinterpretation dem Sinn und Zweck des § 326 Abs. 1 S. 1 BGB widerspricht. Für eine teleologische Reduk-

---

109 MünchKomm/*Ernst*, Bd. 2a, § 326 Rdn. 13.

110 MünchKomm/*Ernst*, Bd. 2a, § 325 Rdn. 14.

111 MünchKomm/*Ernst*, Bd. 2a, § 326 Rdn. 13.

112 In § 311a Abs. 2 BGB bezieht sich das Verschulden hingegen nicht auf die Umstände, die zur Unmöglichkeit der Leistung führen, sondern auf die Kenntnis bzw. fahrlässige Unkenntnis des Schuldners von seiner fehlenden Leistungsfähigkeit. Einzelheiten dazu bei MünchKomm/*Ernst*, Bd. 2a, § 311a Rdn. 46 ff.

113 Allg. zur teleologischen Reduktion *Larenz*, Methodenlehre, Kap. 5 2 c, S. 391 ff.; *Schmalz*, Methodenlehre, Rdn. 402 ff.

tion muss der Nachweis geführt werden, dass eine abstrakte Fallgruppe von den Grundwertungen einer Norm gar nicht betroffen wird; diese Fallgruppe muss sich von den eigentlich gemeinten Fällen so weit unterscheiden, dass eine Gleichbehandlung sachlich ungerechtfertigt und willkürlich wäre.[114]

Ob diese Voraussetzungen bei § 326 Abs. 1 S. 1 BGB vorliegen, wenn der Schuldner die Unmöglichkeit zu vertreten hat, ist zweifelhaft.

(a) Die Abhängigkeit von Leistung und Gegenleistung

§ 326 BGB steht unter der Überschrift „Gegenseitiger Vertrag". Bei gegenseitigen Verträgen verpflichtet sich jede Partei zur Leistung, um die vereinbarte Gegenleistung zu erhalten.[115] Diese wechselseitige Abhängigkeit wird als Synallagma bezeichnet.[116] Nach dem sog. *konditionellen Synallagma* muss bei der Durchführung eines gegenseitigen Vertrages sichergestellt sein, dass keine Partei leisten muss, wenn die andere befreit ist.[117] Die Vorschrift des § 326 Abs. 1 S. 1 BGB ist Ausdruck des konditionellen Synallagmas, denn sie basiert gerade auf dem Gedanken, dass der Wegfall der Hauptleistungspflicht zum Erlöschen der Gegenleistungspflicht führt.[118] Zwar kann dem konditionellen Synallagma prinzipiell auch durch ein Rücktrittsrecht des von der Leistungsstörung Betroffenen Rechnung getragen werden.[119] Für den Fall der Unmöglichkeit wird die Abhängigkeit der Leistungspflichten aber durch den Mechanismus des § 326 Abs. 1 S. 1 BGB verwirklicht. Danach wird der Gläubiger kraft Gesetzes frei, ohne dass es auf einen Rücktritt ankommt.[120] Ob der Schuldner die Unmöglich-

---

[114] *Bydlinski*, Methodenlehre, 3. Buch 3. Teil V, S. 480 f.

[115] Vgl. *Larenz*, Schuldrecht I, § 15 I, S. 203 f.

[116] Einzelheiten zum Begriff und zur Geschichte des Synallagmas bei *Klinke*, Causa und genetisches Synallagma (1983), S. 94 ff. und *Wolff*, Zuwendungsrisiko und Restitutionsinteresse (1998), S. 100 ff.

[117] So *Bamberger/Roth/Grothe*, vor § 320 Rdn. 6; *Gernhuber*, Das Schuldverhältnis (1989), § 13 II 5 a, S. 317; *Soergel/Gsell*, Bd. 5/2, vor § 320 Rdn. 15; *Staudinger/Otto* (2004), vor § 320 Rdn. 12. Teilweise werden diese Wirkungen begrifflich dem sog. *funktionellen* Synallagma zugeordnet. Das funktionelle Synallagma bezeichne die fortdauernde Verbindung der beiderseitigen Leistungspflichten in Bezug auf ihre Durchsetzung und auf die Folgen von Leistungsstörungen [so *Larenz*, Schuldrecht I, § 15 I, S. 203; ähnlich *Erman/Westermann* (2004), vor § 320 Rdn. 13].

[118] Vgl. *Bamberger/Roth/Grothe*, § 326 Rdn. 2; *Soergel/Gsell*, Bd. 5/2, § 326 Rdn. 8; *Staudinger/Otto* (2004), § 326 Rdn. A 4.

[119] Einzelheiten unten Kap. 3 B II 2 b.

[120] Für die Leistungsverzögerung existiert keine dem § 326 Abs. 1 S. 1 BGB entsprechende Vorschrift. Ob die Gegenleistungspflicht trotzdem erlischt, ist zweifelhaft. Einzelheiten unten Kap. 3 B II 2.

keit zu vertreten hat, ist demgegenüber nicht entscheidend. Maßgeblich für die Befreiung des Gläubigers gemäß § 326 Abs. 1 S. 1 BGB ist allein der Umstand, dass der Schuldner von seiner Leistungspflicht befreit ist. Insoweit bildet die zu vertretende Unmöglichkeit keinen Sonderfall.

Diese Argumente sprechen dagegen, dass die Gleichbehandlung der verschuldeten und der unverschuldeten Unmöglichkeit hinsichtlich ihrer Auswirkungen auf die Gegenleistungspflicht sachlich ungerechtfertigt und willkürlich wäre.

(b) Redaktionsversehen

Ein Argument für die teleologische Reduktion des § 326 Abs. 1 S. 1 BGB wäre ein Redaktionsversehen des Gesetzgebers.[121] Die Entstehungsgeschichte der Norm spricht aber dagegen, dass die zu vertretende Unmöglichkeit infolge eines Versehens erfasst wurde.

Der Kommissionsentwurf[122] enthielt keine dem § 326 Abs. 1 S. 1 BGB entsprechende Bestimmung. Stattdessen war die Unmöglichkeit als allgemeine Pflichtverletzung des Schuldners geregelt, aufgrund derer der Gläubiger gemäß § 323 Abs. 1 BGB-KE[123] zum Rücktritt vom Vertrag berechtigt sein sollte. Diese Konstruktion wurde in der Literatur[124] abgelehnt. Ein Rücktrittsrecht sei im Fall der Unmöglichkeit sinnlos. Der Gläubiger habe gar keine Entscheidungsalternative, weil er die Schuldnerleistung ohnehin nicht erhalten könne.[125] Der Gesetzgeber ist der Kritik gefolgt. In der Begründung zu § 326 BGB heißt es:

*„Absatz 1 regelt das Schicksal der Gegenleistung, wenn der Schuldner nach § 275 RE nicht zu leisten braucht. Die Schuldrechtskommission hatte diesen Fall nicht besonders behandelt und dem allgemeinen Tatbestand des § 323 KE unterstellt. Der Gläubiger sollte danach zwar keine Frist setzen müssen, weil bei Unmöglichkeit offensichtlich ist, dass sie nicht zum Erfolg führt, § 323 Abs. 2 Nr. 1 KE. Er sollte aber nach diesem Vorschlag nicht kraft Gesetzes von der Gegenleistung befreit sein, sondern sollte nur vom Vertrag zurücktreten können. Diese Konstruktion ist vielfach als zu umständlich und nicht sachgerecht*

---

121 Vgl. *Schmalz*, Methodenlehre, Rdn. 410 (Redaktionsversehen als *„starkes Argument"* für eine Reduktion).

122 Kommissionsentwurf zur Überarbeitung des Schuldrechts, abgedruckt in: Abschlussbericht der Kommission zur Überarbeitung des Schuldrechts, hrsg. vom Bundesminister der Justiz, Bundesanzeiger 1992.

123 Abgedruckt in: Abschlussbericht (Fn. 122), S. 162 f.

124 Vgl. *Canaris*, JZ 2001, 499, 508; *Schulze/Schulte-Nölke/Canaris*, Die Schuldrechtsreform vor dem Hintergrund des Gemeinschaftsrechts, S. 43, 54 f.; *Staudinger/Otto* (2001), vor § 323 Rdn. 43.

125 *Canaris*, JZ 2001, 499, 508; *Schulze/Schulte-Nölke/Canaris*, Die Schuldrechtsreform vor dem Hintergrund des Gemeinschaftsrechts, S. 43, 54.

*kritisiert worden. Es soll deshalb in dem Fall, in dem der Schuldner nach § 275 RE (...) nicht zu leisten braucht, die Gegenleistung nach § 326 RE kraft Gesetzes entfallen.*“[126]

Zwar könnte man auf den Gedanken kommen, die vom Schuldner zu vertretende Unmöglichkeit sei bei der Formulierung des § 326 BGB nicht bedacht worden; ausdrücklich erwähnt wird dieser Fall in den Materialien jedenfalls nicht. Letztlich kann das aber dahinstehen. Die zitierte Textstelle aus der Begründung zu § 326 BGB zeigt, dass der Gläubiger nach dem Willen des Gesetzgebers in allen Fällen des § 275 BGB von seiner Erfüllungspflicht frei werden soll. Diese Intention ist auf die vom Schuldner zu vertretende Unmöglichkeit übertragbar. Ein Rücktrittsrecht wäre auch in diesem Fall sinnlos, weil der Gläubiger die ausgebliebene Schuldnerleistung ohnehin nicht mehr erhalten kann. Ein Redaktionsversehen lässt sich somit nicht nachweisen.

(c) Folgenbetrachtung

Die teleologische Reduktion des § 326 Abs. 1 S. 1 BGB bei einer vom Schuldner zu vertretenden Unmöglichkeit würde außerdem zu weit reichenden Folgeproblemen führen.[127] Sie zeigen sich namentlich, wenn die Leistungsstörung bei einem Arbeitsvertrag auftritt.[128]

*Fall 4*
Arbeitnehmer N entfernt sich während der Arbeitszeit von seiner Arbeitsstätte, um private Einkäufe zu erledigen. Nach zwei Stunden kehrt N zurück.

Bei wortgetreuer Anwendung des § 326 Abs. 1 S. 1 BGB wäre der Arbeitgeber für den betreffenden Zeitraum von seiner Entgeltzahlungspflicht befreit. Die Arbeitsleistung ist gemäß § 275 Abs. 1 BGB teilunmöglich geworden[129]; das führt

---

[126] BT-Drs. 14/6040, S. 188.

[127] Allg. zur Folgenbetrachtung als teleologische Auslegungsmethode *Bydlinski*, Methodenlehre, 3. Buch 1. Teil III, S. 404 ff.; *Kaufmann*, JURA 1992, 297, 298 Fn. 8 („*herausragende Rolle*“); *Schmalz*, Methodenlehre, Rdn. 287; krit. *Böhlk/Unterseher*, JuS 1980, 323 ff.

[128] Vgl. *Arnold*, ZGS 2003, 427, 430; *Canaris*, JZ 2001, 499, 508; *Dauner-Lieb*, AnwKomm-BGB, § 326 Rdn. 5; *Huber*, ZIP 2000, 2273, 2277; *Schulze/Schulte-Nölke/Canaris*, Die Schuldrechtsreform vor dem Hintergrund des Gemeinschaftsrechts, S. 43, 54 f.

[129] Bei der Arbeitsleistung handelt es sich regelmäßig um eine absolute Fixschuld, so dass bereits mit Ablauf der geschuldeten Arbeitszeit (Teil-) Unmöglichkeit eintritt (*Brox/Rüthers/Henssler*, Arbeitsrecht, Rdn. 244).

gemäß §§ 326 Abs. 1 S. 1 Hs. 2, 441 Abs. 3 BGB zu einer entsprechenden Minderung des Lohns. Etwas anderes ergibt sich aber, wenn man § 326 Abs. 1 S. 1 BGB bei einer zu vertretenden Unmöglichkeit teleologisch reduziert. Dann könnte N trotz seines schuldhaften Fernbleibens das volle Arbeitsentgelt beanspruchen. Dieses Ergebnis wäre interessenwidrig.

Ob sich der Gläubiger durch einen Teilrücktritt teilweise von seiner Gegenleistungspflicht befreien kann[130], ist im Hinblick auf Arbeitsverträge ebenfalls problematisch. Bei Arbeitsverträgen handelt es sich regelmäßig um Dauerschuldverhältnisse.[131] Die Vertragsabwicklung erschöpft sich also nicht in einem einmaligen Leistungsaustausch; die Parteien haben vielmehr fortwährend neue Leistungspflichten.[132] Wird ein Dauerschuldverhältnis in Vollzug gesetzt, hat seine Erfüllungsphase also bereits begonnen, ist eine nachträgliche Rückabwicklung nach §§ 346 ff. BGB nicht sinnvoll durchführbar. Denn die erbrachten Tätigkeiten haben definitive Fakten geschaffen.[133] Ein (Teil-) Rücktritt scheidet somit aus.

Statt zurückzutreten, sollte der Gläubiger nach der überwiegenden Ansicht zum alten Recht[134] das Dauerschuldverhältnis außerordentlich kündigen können. Im neuen Recht ergibt sich das Kündigungsrecht aus § 314 BGB. Eine Kündigung beendet die Entgeltzahlungspflicht des Arbeitgebers indes nur mit Wirkung ex nunc, also für die Zukunft.[135] Der in der Vergangenheit begründete Anspruch des Arbeitnehmers auf den Lohn würde folglich nicht beseitigt. Im Übrigen hätte eine Kündigung zur Folge, dass das gesamte Arbeitsverhältnis beendet wäre.[136] Diese Rechtsfolge passt nicht, wenn der Arbeitgeber nur einen Teil des Lohns einbehalten will. Der Gedanke an eine Teilkündigung[137] führt ebenfalls nicht weiter. Mit einer Teilkündigung sollen einzelne Vertragsbedingungen ge-

---

[130] So MünchKomm/*Ernst*, Bd. 2a, § 326 Rdn. 15.

[131] MünchKomm/*Müller-Glöge*, Bd. 4, § 611 Rdn. 16; *Palandt/Weidenkaff* (2007), vor § 611 Rdn. 5.

[132] Vgl. *Larenz*, Schuldrecht I, § 2 VI, S. 29 f.; MünchKomm/*Gaier*, Bd. 2a, § 314 Rdn. 5 f.; *Palandt/Grüneberg* (2007), § 314 Rdn. 2.

[133] *Esser/Schmidt*, Schuldrecht I/1, § 20, S. 324; i. E. ebenso *Larenz*, Schuldrecht I, § 26 d, S. 416; *Gernhuber*, Das Schuldverhältnis (1989), § 16 II 8 a, S. 396.

[134] *Gernhuber*, Das Schuldverhältnis (1989), § 16 II 8 b, S. 396 f. m. w. N.

[135] *Schaub/Linck*, Arbeitsrechts-Handbuch, § 123 Rdn. 1.

[136] *Schaub/Linck*, Arbeitsrechts-Handbuch, § 123 Rdn. 1.

[137] Vgl. *Schulze/Schulte-Nölke/Canaris*, Die Schuldrechtsreform vor dem Hintergrund des Gemeinschaftsrechts, S. 43, 54: „(...) *die bei Dauerschuldverhältnissen möglicherweise an die Stelle des Rücktritts tritt*".

gen den Willen des anderen Vertragspartners geändert werden.[138] Hat der Arbeitgeber aber lediglich die Absicht, für einen bestimmten Zeitraum von seiner Entgeltzahlungspflicht frei zu kommen, zweifelt er nicht daran, nach dem Arbeitsvertrag an sich dazu verpflichtet zu sein. Es kommt ihm nur darauf an, für den betreffenden Zeitraum nichts zu zahlen. Mit einer Teilkündigung könnte er dieses Ziel nicht erreichen.[139]

Insgesamt bestünde für den Arbeitgeber somit keine Möglichkeit, bei einem schuldhaften Fernbleiben des Arbeitnehmers von der Arbeitsstätte den entsprechenden Lohn zurückzuhalten. Diese Folgenbetrachtung spricht ebenfalls dagegen, § 326 Abs. 1 S. 1 BGB bei einer vom Schuldner zu vertretenden Unmöglichkeit teleologisch zu reduzieren.

b) Zwischenergebnis

Als Zwischenergebnis ist festzuhalten, dass der Gläubiger in den Fällen der §§ 283 S. 1, 311a Abs. 2 S. 1 BGB gemäß § 326 Abs. 1 S. 1 BGB von seiner Gegenleistungspflicht befreit ist. Zwar kann er im Einzelfall ein Interesse daran haben, noch zu erfüllen. Um ihm das zu ermöglichen, ist es aber nicht erforderlich, § 326 Abs. 1 S. 1 BGB teleologisch zu reduzieren. Entscheidendes Kriterium wäre dann nicht, ob der Gläubiger noch leisten will; maßgeblich wäre vielmehr, ob der Schuldner das Leistungshindernis zu vertreten hat. § 326 Abs. 1 S. 1 BGB würde also bei einer verschuldeten Unmöglichkeit nie eingreifen. Eine derart pauschale Reduktion der Norm schösse aber über das Ziel, die Interessen des Gläubigers zu schützen, hinaus.

*2. §§ 346 Abs. 1, 326 Abs. 5, 323 BGB*

Ein weiterer Ansatz für den Wegfall der Gegenleistungspflicht ergibt sich aus §§ 346 Abs. 1, 326 Abs. 5, 323 BGB. Dann müsste § 346 Abs. 1 BGB in der Rechtsfolge das Erlöschen der Gegenleistungspflicht anordnen. Zudem müssten die Voraussetzungen der §§ 326 Abs. 5, 323 BGB erfüllt sein. Schließlich ist erforderlich, dass der Gläubiger seinen Anspruch auf Schadensersatz statt der Leistung mit einem Rücktritt vom Vertrag kombinieren kann.

---

[138] *Ascheid/Preis*, Kündigungsrecht, Grundlagen E Rdn. 12; *Schaub/Linck*, Arbeitsrechts-Handbuch, § 123 Rdn. 49.

[139] Überdies wird die Teilkündigung eines Arbeitsvertrages überwiegend für unzulässig gehalten (vgl. *Schaub/Linck*, Arbeitsrechts-Handbuch, § 123 Rdn. 49 m. w. N.).

a) Rechtsfolge des § 346 Abs. 1 BGB

Nach dem Wortlaut des § 346 Abs. 1 BGB sind die empfangenen Leistungen zurückzugewähren. Die Vorschrift beruht ersichtlich auf dem Gedanken, dass die Parteien bereits Leistungen ausgetauscht haben und dass dieser Austausch rückabgewickelt werden soll. Ein Erlöschen der noch unerfüllten Leistungspflichten wird hingegen nicht ausdrücklich vorgeschrieben.

Bereits zum alten Recht war aber anerkannt, dass zu den Rechtsfolgen des Rücktritts auch die Befreiung der Parteien von ihren Erfüllungspflichten gehörte.[140] Die Urheber der Schuldrechtsreform wollten an dieser Handhabung nichts ändern. Es sei

> „(...) *in Übereinstimmung mit dem geltenden Recht nicht erforderlich, diese Befreiungswirkung im Gesetzeswortlaut ausdrücklich auszusprechen.*“[141]

Ziel des Rücktritts ist es, den Zustand herzustellen, der ohne den Vertragsschluss bestanden hätte.[142] Nur wenn die Parteien von ihren noch unerfüllten Vertragspflichten befreit werden, kann ein unnötiger Leistungsaustausch vermieden werden.[143] In den Fällen der §§ 283 S. 1, 311a Abs. 2 S. 1 BGB ist zu beachten, dass die Leistungspflicht des Schuldners bereits nach § 275 BGB erlischt. Dann kann sich die Befreiungswirkung des Rücktritts von vornherein nur auf die Gegenleistungspflicht des Gläubigers beziehen.

b) Anwendungsbereich der §§ 326 Abs. 5, 323 BGB

§ 326 Abs. 5 BGB setzt voraus, dass der Schuldner nach § 275 Abs. 1 bis 3 BGB nicht zu leisten braucht. Die bisherige Untersuchung hat allerdings ergeben, dass der Gläubiger bei Unmöglichkeit bzw. Unzumutbarkeit bereits gemäß § 326 Abs. 1 S. 1 BGB von seiner Gegenleistungspflicht befreit ist.[144] Zu klären

---

140 BGH NJW 1990, 2068, 2069; NJW 1994, 1161, 1162; NJW 1998, 3268 f.; *Erman/Westermann* (2000), § 346 Rdn. 4; *Leser*, in: FS E. Wolf (1985), S. 373, 386; MünchKomm/*Janßen*, Bd. 2 (2001), vor § 346 Rdn. 46; *Palandt/Heinrichs* (2002), vor § 346 Rdn. 2; *Soergel/Hadding*, Bd. 2 (1990), vor § 346 Rdn. 4; *Staudinger/Kaiser* (2001), vor § 346 Rdn. 53.

141 BT-Drs. 14/6040, S. 194.

142 BT-Drs. 14/6040, S. 189; *Erman/Bezzenberger* (2004), vor § 346 Rdn. 1; MünchKomm/*Gaier*, Bd. 2a, vor § 346 Rdn. 5; *Palandt/Grüneberg* (2007), vor § 346 Rdn. 5; *Staudinger/Kaiser* (2004), vor § 346 Rdn. 1.

143 *Staudinger/Kaiser* (2004), § 346 Rdn. 65.

144 Soeben Kap. 3 B I 1.

ist daher, welchen Anwendungsbereich das Rücktrittsrecht aus §§ 326 Abs. 5, 323 BGB überhaupt hat.

aa) Ungewissheit über die Ursache der Nichtleistung

Selbständige Bedeutung neben § 326 Abs. 1 S. 1 BGB haben die §§ 326 Abs. 5, 323 BGB, wenn der Gläubiger die Ursache für das Ausbleiben der Schuldnerleistung nicht kennt.[145] Dann besteht Ungewissheit darüber, ob Unmöglichkeit bzw. Unzumutbarkeit i. S. v. § 275 BGB vorliegt und ob die Gegenleistungspflicht daher kraft Gesetzes erlischt. Diesen Fall hatte der Gesetzgeber primär im Blick:

> *„Häufig wird der Gläubiger zwar feststellen, dass die Leistung durch den Schuldner ausbleibt, den Grund hierfür aber nicht kennen. Das Leistungsstörungsrecht sollte deshalb für den Gläubiger die Möglichkeit des Rücktritts unabhängig von dem Grund der Nichtleistung vorsehen.“*[146]

*Fall 5*

K bestellt bei dem Kfz-Händler V einen neuen PKW mit diversen Sonderausstattungen. Zum vereinbarten Termin erhält K den Wagen jedoch nicht. Auf Nachfrage beruft sich V auf Lieferschwierigkeiten.

Möglicherweise ist V die Beschaffung des PKW unmöglich. Dann wäre K gemäß § 326 Abs. 1 S. 1 BGB von seiner Kaufpreiszahlungspflicht befreit. Denkbar ist aber auch, dass sich die Lieferung des V lediglich verzögert. In diesem Fall würde § 326 Abs. 1 S. 1 BGB nicht eingreifen.

Wegen § 326 Abs. 5 BGB ist es nicht erforderlich, dass der Gläubiger die Voraussetzungen des § 326 Abs. 1 S. 1 BGB darlegt und beweist. Er kann dem Schuldner jedenfalls eine angemessene Nachfrist zur Leistung setzen und nach fruchtlosem Ablauf der Frist vom Vertrag zurücktreten, auch wenn die Nichtleistung auf Unmöglichkeit beruhen sollte.[147] Bei fortbestehender Ungewissheit über die Möglichkeit der Leistung muss dann in der Praxis nicht entschieden

---

[145] *Bamberger/Roth/Grothe*, § 326 Rdn. 36; *Huber/Faust*, Schuldrechtsmodernisierung, Kap. 5 Rdn. 64; MünchKomm/*Ernst*, Bd. 2a, § 326 Rdn. 104; *Soergel/Gsell*, Bd. 5/2, § 326 Rdn. 120; *Staudinger/Otto* (2004), § 326 Rdn. F 5.

[146] BT-Drs. 14/6857, S. 56.

[147] BT-Drs. 14/7052, S. 193; *Huber/Faust*, Schuldrechtsmodernisierung, Kap. 5 Rdn. 64.

werden, ob sich der Rücktrittsgrund aus § 323 Abs. 1 BGB oder aus § 326 Abs. 5 BGB ergibt.[148]

bb) Teilunmöglichkeit

Ein weiterer Anwendungsbereich der §§ 326 Abs. 5, 323 BGB betrifft den Fall der sog. Teilunmöglichkeit.[149] Davon spricht man, wenn eine Leistung im natürlichen und rechtlichen Sinne teilbar und ein abteilbarer Teil unmöglich ist bzw. wird.[150]

*Fall 6*[151]
Küchenhändler V verkauft dem K eine Küche, die aus diversen Möbeln, einem Herd und einer Kühl-/ Gefrierkombination besteht. Bald stellt sich heraus, dass V die Kühl-/ Gefrierkombination nicht liefern kann, weil sie nicht mehr hergestellt wird.

Da es sich bei der Lieferung der Kühl-/ Gefrierkombination um einen abteilbaren Teil der Gesamtleistung „Küche" handelt[152], ist V gemäß § 275 Abs. 1 BGB („soweit") teilweise von seiner Lieferungspflicht frei geworden.

Bei einer Teilunmöglichkeit ist die Gegenleistungspflicht gemäß §§ 326 Abs. 1 S. 1 Hs. 2, 441 Abs. 3 BGB entsprechend gemindert. Eine vollständige Befreiung des Gläubigers bietet sich schon deshalb nicht an, weil es ihm ansonsten verwehrt wäre, den noch möglichen Leistungsteil anzunehmen.[153] Um von der

---

[148] BT-Drs. 14/7052, S. 193; MünchKomm/*Ernst*, § 326 Rdn. 104; *Soergel/Gsell*, Bd. 5/2, § 326 Rdn. 120; *Staudinger/Otto* (2004) § 326 Rdn. F 5.

[149] *Bamberger/Roth/Grothe*, § 326 Rdn. 35; *Fikentscher/Heinemann*, Schuldrecht, Rdn. 448; *Huber/Faust*, Schuldrechtsmodernisierung, Kap. 5 Rdn. 66; MünchKomm/*Ernst*, Bd. 2a, § 326 Rdn. 103; *Soergel/Gsell*, Bd. 5/2, § 326 Rdn. 120; *Staudinger/Otto* (2004), § 326 Rdn. F 3.

[150] Vgl. BGHZ 116, 334, 337; *Hütte/Helbron*, Schuldrecht AT, Rdn. 389; *Palandt/Heinrichs* (2007), § 275 Rdn. 7.

[151] Angelehnt an LG Rottweil NJW 2003, 3139.

[152] Wann eine Leistung teilbar ist, wird allerdings unterschiedlich beurteilt. Die überwiegende Auffassung verlangt neben der technischen oder rechtlichen Zerlegbarkeit, dass die teilweise Abwicklung des Vertrages mit dem gemeinsamen Parteiwillen vereinbar ist [vgl. BGH NJW-RR 1995, 853, 854; *Palandt/Heinrichs* (2007), § 275 Rdn. 7; *Soergel/Gsell*, Bd. 5/2, § 326 Rdn. 22]. Nach a. M. reicht es aus, dass bei natürlicher Betrachtung ein Teil der Leistung noch möglich bleibt [so *Staudinger/Löwisch* (2004), § 275 Rdn. 49; ähnlich *Staudinger/Otto* (2004), § 326 Rdn. B 49].

[153] *Staudinger/Otto* (2004), § 326 Rdn. F 3.

gesamten Gegenleistungspflicht frei zu werden, muss er gemäß §§ 326 Abs. 5, 323 BGB vom Vertrag zurücktreten. Nach § 323 Abs. 5 S. 1 BGB ist erforderlich, dass er an der Teilleistung kein Interesse hat.[154]

Im *Fall 6* ist die Kaufpreiszahlungspflicht des K gemäß §§ 326 Abs. 1 S. 1 Hs. 2, 441 Abs. 3 BGB nur um den Wert der Kühl-/ Gefrierkombination kraft Gesetzes gemindert. Vollständig frei wird K erst, wenn er vom Vertrag zurücktritt. Dazu ist er gemäß §§ 326 Abs. 5, 323 Abs. 5 S. 1 BGB berechtigt, wenn er an der Teilleistung kein Interesse mehr hat. Ein fehlendes Interesse könnte etwa angenommen werden, falls V keine gleichwertige Kühl-/ Gefrierkombination zur Verfügung stellen kann.

cc) Qualitative Unmöglichkeit

Das Rücktrittsrecht aus §§ 326 Abs. 5, 323 BGB wird schließlich bei einer sog. qualitativen Unmöglichkeit relevant. Es geht um Fälle, in denen der Schuldner mangelhaft leistet und zur Behebung dieses Mangels gemäß § 275 BGB nicht verpflichtet ist.[155]

*Fall 7*
V verkauft dem K einen gebrauchten, unfallfreien PKW. Als V den Wagen liefert, muss K deutliche Unfallspuren (Beulen, Kratzer, etc.) feststellen. Ursache hierfür war ein Versehen des V. Er hatte nach dem Vertragsschluss noch eine Fahrt mit dem PKW unternommen; dabei war es zu einem Zusammenstoß mit einem Motorrad gekommen.

Die Voraussetzungen für einen Nacherfüllungsanspruch gemäß §§ 437 Nr. 1, 439 BGB sind erfüllt. Insbesondere ist ein als unfallfrei verkaufter PKW nach einem Unfall mangelhaft.[156] Es ist aber (objektiv) unmöglich geworden, den PKW unfallfrei zu liefern. Deswegen ist V von seiner Nacherfüllungspflicht gemäß § 275 Abs. 1 BGB frei geworden.

Bei einer Unmöglichkeit der Nacherfüllung mindert sich die Gegenleistungspflicht des Gläubigers nicht automatisch. Zwar könnte man begrifflich auch die

---

[154] Einzelheiten dazu bei *Staudinger/Otto* (2004), § 323 Rdn. B 128 ff.

[155] *Fikentscher/Heinemann*, Schuldrecht, Rdn. 449; MünchKomm/*Ernst*, Bd. 2a, § 326 Rdn. 103; *Soergel/Gsell*, Bd. 5/2, § 326 Rdn. 120; *Staudinger/Otto* (2004), § 326 Rdn. F 4.

[156] Vgl. BGH NJW 1982, 435; *Palandt/Weidenkaff* (2007), § 434 Rdn. 72.

Schlechterfüllung bei nicht behebbarem Mangel als Teilleistung i. S. v. § 326 Abs. 1 S. 1 Hs. 2 BGB verstehen.[157] Jedoch ordnet § 326 Abs. 1 S. 2 BGB an, dass § 326 Abs. 1 S. 1 BGB auf diesen Fall nicht anwendbar ist. Der Sinn jener Regelung besteht in Folgendem: Wäre der Gläubiger kraft Gesetzes von seiner Erfüllungspflicht befreit, käme es zu Wertungswidersprüchen mit dem Kauf- und Werkgewährleistungsrecht. Dort besteht ein Wahlrecht zwischen den Rechtsbehelfen Minderung und Rücktritt vom Vertrag. So kann der Käufer nach § 437 Nr. 2 BGB vom Vertrag zurücktreten oder seine Zahlungspflicht mindern. Dem Besteller stehen diese Rechte gemäß § 634 Nr. 3 BGB zu. Bei einer automatischen Minderung der Zahlungspflicht würde das Wahlrecht des Käufers bzw. Bestellers ausgehebelt.[158]

Im *Fall 7* hat K die Möglichkeit, seine Kaufpreiszahlungspflicht gemäß §§ 437 Nr. 2, 441 Abs. 3 BGB zu mindern. Um vollständig frei zu werden, muss er gemäß §§ 326 Abs. 5, 323 BGB vom Vertrag zurücktreten.

c) Kombination von Rücktritt und Schadensersatz statt der Leistung

Damit der Gläubiger Schadensersatz statt der Leistung verlangen und zugleich von seinem Rücktrittsrecht aus §§ 326 Abs. 5, 323 BGB Gebrauch machen kann, müssen beide Rechtsbehelfe miteinander kombinierbar sein. Das erscheint trotz der Regelung des § 325 BGB fraglich. Aus dieser Bestimmung ergibt sich nur die Befugnis, nach einem Rücktritt noch Schadensersatz zu verlangen. Ob der Rücktritt auch mit dem Anspruch auf Schadensersatz statt der Leistung verbunden werden kann, ist nicht ausdrücklich geregelt.

Nach einer in der Literatur vertretenen Auffassung[159] sollen sich beide Rechtsbehelfe sogar gegenseitig ausschließen. Gemäß § 325 BGB könne nur der einfache Schadensersatz i. S. v. § 280 Abs. 1 BGB mit dem Rücktritt kombiniert werden.[160] Eine Verbindung des Rücktritts mit dem Schadensersatz statt der Leistung scheide aus.[161] Gegen diese Ansicht spricht bereits der Wortlaut des § 325 BGB. Der Terminus „Schadensersatz" bildet sprachlich einen Oberbegriff. Darunter kann sowohl der einfache Schadensersatz gemäß § 280 Abs. 1 BGB als auch der Schadensersatz statt der Leistung i. S. v. §§ 281 Abs. 1 S. 1 Alt. 1, 283 S. 1, 311a Abs. 2 S. 1 BGB verstanden werden. Die Gesetzesmateria-

---

[157] Vgl. *Staudinger/Otto* (2004), § 326 Rdn. B 40.

[158] Vgl. BT-Drs. 14/6040, S. 188; *Fikentscher/Heinemann*, Schuldrecht, Rdn. 449; *Staudinger/Otto* (2004), § 326 Rdn. B 40.

[159] *Westermann/Schultz*, Das Schuldrecht 2002, S. 17, 95 f.

[160] *Westermann/Schultz*, Das Schuldrecht 2002, S. 17, 95.

[161] *Westermann/Schultz*, Das Schuldrecht 2002, S. 17, 96.

lien zu § 325 BGB deuten ebenfalls darauf hin, dass der Gläubiger Rücktritt und Schadensersatz statt der Leistung miteinander kombinieren kann. Die Vorschrift wurde vor dem Hintergrund erlassen, dass sich Rücktritt und Schadensersatz wegen Nichterfüllung nach §§ 325 Abs. 1 S. 1, 326 Abs. 1 S. 2 BGB a. F. ausschlossen. Dieses Alternativitätsverhältnis wollte der Gesetzgeber aufheben:

> *„Die Alternativität von Schadensersatz und Rücktritt wird überwiegend als unbefriedigend bewertet (...). Entsprechend einem Vorschlag der Schuldrechtskommission (...) soll deshalb die sog. Alternativität zwischen Rücktritt und Schadensersatz aufgegeben werden.“*[162]

Mit dem Begriff „Schadensersatz statt der Leistung“ sollte dagegen keine inhaltliche Neuerung geschaffen werden. Der Terminus „wegen Nichterfüllung“ wurde nur aus Klarstellungsgründen gestrichen. Dazu heißt es in der Gesetzesbegründung:

> *„Diese Form des Schadensersatzanspruchs soll nicht mehr wie im Bürgerlichen Gesetzbuch Schadensersatz wegen Nichterfüllung genannt werden. Denn dieser Schadensersatzanspruch tritt nicht an die Stelle der Erfüllung, sondern an die Stelle der primär geschuldeten Leistung, die nicht mehr verlangt werden kann; vielmehr bedeutet auch die Leistung von Schadensersatz Erfüllung (nämlich der auf Schadensersatz gerichteten Verbindlichkeit).“*[163]

In der Gesamtschau beider Textstellen wird die Intention deutlich, die der Gesetzgeber mit § 325 BGB verfolgt. Anders als nach §§ 325, 326 BGB a. F. soll es dem Gläubiger ermöglicht werden, seinen auf das positive Interesse gerichteten Schadensersatzanspruch mit einem Rücktritt vom Vertrag zu verbinden. Auf den Ausgleich des positiven Interesses zielt auch der Schadensersatz statt der Leistung.[164] Nach der Gesetzesintention ist dieser Rechtsbehelf also mit dem Rücktritt kombinierbar.

Rücktritt und Schadensersatz statt der Leistung schließen sich auch begrifflich nicht gegenseitig aus. Allerdings wurde zum alten Recht die Ansicht[165] vertreten, dass sich der Gläubiger widersprüchlich verhalte, wenn er einerseits vom Vertrag zurücktrete und andererseits das positive Interesse geltend mache. Mit dem Rücktritt wolle er den Zustand herstellen, der ohne den Vertrag gegeben

---

[162] BT-Drs. 14/6040, S. 187 f.

[163] BT-Drs. 14/6040, S. 137.

[164] *Emmerich*, Leistungsstörungen, § 13 Rdn. 8; *Huber/Faust*, Schuldrechtsmodernisierung, Kap. 3 Rdn. 181; *Lorenz/Riehm*, Schuldrecht, Rdn. 207; MünchKomm/*Emmerich*, Bd. 2a, vor § 281 Rdn. 7; *Palandt/Heinrichs* (2007), § 281 Rdn. 17; *Staudinger/Otto* (2004), § 280 Rdn. E 5.

[165] Motive II, S. 211; *Mugdan* II, S. 116; RGZ 50, 255, 266 f.

wäre; mit dem Schadensersatz verlange er dagegen, so gestellt zu werden, wie er stünde, wenn der Schuldner ordnungsgemäß erfüllt hätte.[166] Diese Argumentation ging von der Prämisse aus, dass der Rücktritt den Vertrag mit Wirkung ex tunc vernichte, so dass für den vertraglichen Schadensersatzanspruch kein Raum mehr bleibe.[167] Dagegen sprach und spricht jedoch, dass § 346 BGB anders als z. B. § 142 Abs. 1 BGB keine Nichtigkeitsanordnung enthält. Zudem steht § 346 BGB systematisch vor den Erlöschensgründen der §§ 362 ff. BGB.[168] Aus § 325 BGB ergibt sich vielmehr, dass der Vertrag trotz des Rücktritts bestehen bleibt. Die dort enthaltene Formulierung „Schadensersatz zu verlangen" bezieht sich auf die Ansprüche gemäß §§ 280 ff. BGB. Sie setzen aber nach § 280 Abs. 1 BGB ein Schuldverhältnis voraus. Indem § 325 BGB die Kombination von Rücktritt und Schadensersatz zulässt, wird somit vorausgesetzt, dass der Vertrag bestehen bleibt.

Nach richtiger Ansicht[169] führt der Rücktritt mithin nicht zur Unwirksamkeit des Vertrages. Folglich verhält sich der Gläubiger auch nicht widersprüchlich, wenn er zugleich das positive Interesse geltend macht.[170] Die Kombination des Rücktritts mit dem Anspruch auf Schadensersatz statt der Leistung ist also insgesamt zulässig.[171] Geht der Gläubiger in den Fällen der §§ 283 S. 1, 311a Abs. 2 S. 1 BGB in dieser Weise vor, erlischt seine Gegenleistungspflicht gemäß § 346 Abs. 1 BGB.

---

166 Motive II, S. 211; *Mugdan* II, S. 116; RGZ 50, 255, 266 f.

167 So RGZ 50, 255, 266 f.; 85, 280, 282; 109, 184, 186; BGH NJW 1979, 762; NJW 1982, 1279, 1280; OLG Düsseldorf NJW 1972, 1051; *Enneccerus/Lehmann*, Schuldrecht, § 53 III 2, S. 229; *Rabel*, Warenkauf I (1964), § 57 1, S. 429; *Schollmeyer*; Recht der Schuldverhältnisse (1900), § 325 Anm. 5 a.

168 So bereits zum alten Recht *Kaiser*, Rückabwicklung (2000), S. 112; *Soergel/Hadding*, Bd. 2 (1990), vor § 346 Rdn. 3.

169 Grundlegend zum alten Recht *Stoll*, Rücktritt (1921), S. 9 ff.; *E. Wolf*, AcP 153 (1954), S. 97, 105 ff.; vgl. auch BGH NJW 1990, 2068, 2069; NJW 1998, 3268 f.; *Kaiser*, Rückabwicklung (2000), S. 111 f.; *Leser*, Rücktritt (1975), S. 159 ff.; *Soergel/Hadding*, Bd. 2 (1990), vor § 346 Rdn. 4. Ebenso zum neuen Recht MünchKomm/*Gaier*, Bd. 2a, vor § 346 Rdn. 40; *Soergel/Gsell*, Bd. 5/2, § 325 Rdn. 1; *Staudinger/Kaiser* (2004), § 346 Rdn. 67.

170 *Gsell*, JZ 2004, 643 f.; *Soergel/Gsell*, Bd. 5/2, § 325 Rdn. 1.

171 *Erman/Westermann* (2004), § 325 Rdn. 3; MünchKomm/*Ernst*, Bd. 2a, § 325 Rdn. 2; *Palandt/Grüneberg* (2007), § 325 Rdn. 2; *Soergel/Gsell*, Bd. 5/2, § 325 Rdn. 1; *Staudinger/Otto* (2004), § 325 Rdn. 20.

### *II. § 281 Abs. 1 S. 1 Alt. 1 BGB*

Unter welchen Voraussetzungen die Gegenleistungspflicht im Fall des § 281 Abs. 1 S. 1 Alt. 1 BGB erlischt, lässt sich ebenfalls nicht einheitlich beantworten. Da für die Leistungsverzögerung keine dem § 326 Abs. 1 S. 1 BGB entsprechende Vorschrift existiert, wird der Gläubiger jedenfalls nicht kraft Gesetzes frei. Unter den Voraussetzungen des § 323 Abs. 1 Alt. 1 BGB kann er vom Vertrag zurücktreten. Ob die Gegenleistungspflicht auch ohne einen Rücktritt entfällt, ist zweifelhaft.

#### *1. Wegfall der Gegenleistungspflicht gemäß §§ 346 Abs. 1, 323 Abs. 1 Alt. 1 BGB*

Das Rücktrittsrecht aus § 323 Abs. 1 Alt. 1 BGB setzt voraus, dass der Schuldner die ihm obliegende Leistung trotz Fälligkeit und Fristsetzung nicht erbringt. Dieser Tatbestand verläuft zu demjenigen des § 281 Abs. 1 S. 1 Alt. 1 BGB weitgehend parallel.[172] Weil der Rücktritt ferner gemäß § 325 BGB mit dem Schadensersatz statt der Leistung kombiniert werden kann[173], könnte der Gläubiger im Fall des § 281 BGB stets nach § 323 BGB berechtigt sein, vom Vertrag zurückzutreten. Ob diese Annahme zutrifft, muss durch einen genaueren Vergleich beider Vorschriften geklärt werden.

Der Gesetzgeber ging davon aus, einen tatbestandlichen Gleichklang von § 281 Abs. 1 BGB und § 323 Abs. 1 BGB geschaffen zu haben.[174] Die weitgehende Übereinstimmung zeigt sich insbesondere an dem einheitlichen Fristenmechanismus: Ebenso wie § 281 Abs. 1 BGB schreibt § 323 Abs. 1 BGB dem Gläubiger vor, eine angemessene Frist zur Leistung zu bestimmen. Keine der beiden Vorschriften zwingt ihn dazu, damit zugleich einen bestimmten Rechtsbehelf zu wählen; vielmehr kann ein und dieselbe Fristbestimmung sowohl Grundlage für den Schadensersatzanspruch als auch für das Rücktrittsrecht sein.[175] Unterschiede bestehen allerdings insoweit, als die Fristbestimmung unter den Voraussetzungen des § 323 Abs. 2 Nr. 2 BGB entbehrlich ist und § 323 Abs. 4 BGB ein Rücktrittsrecht vor Fälligkeit der Schuldnerleistung gewährt.[176] Vergleichbare Regelungen finden sich in § 281 BGB nicht. Damit sind Fälle

---

[172] So *Soergel/Gsell*, Bd. 5/2, § 325 Rdn. 13; ähnlich MünchKomm/*Ernst*, Bd. 2a, § 325 Rdn. 4; *Staudinger/Otto* (2004), § 325 Rdn. 21.

[173] Soeben Kap. 3 B I 2 c.

[174] BT-Drs. 14/6040, S. 188.

[175] MünchKomm/*Ernst*, Bd. 2a, § 325 Rdn. 4; *Soergel/Gsell*, Bd. 5/2, § 325 Rdn. 13; *Staudinger/Otto* (2004), § 325 Rdn. 22.

[176] *Soergel/Gsell*, Bd. 5/2, § 325 Rdn. 13.

denkbar, in denen der Gläubiger zwar vom Vertrag zurücktreten kann, aber keinen Schadensersatzanspruch hat. Ob dieses Ergebnis korrigiert werden muss, braucht im Rahmen dieser Untersuchung nicht entschieden zu werden.[177] Ist nämlich der Schadensersatzanspruch aus § 281 Abs. 1 BGB entstanden, steht damit zugleich fest, dass die Vorschriften des § 323 Abs. 2 Nr. 2 und Abs. 4 BGB nicht einschlägig waren. Der Rücktritt kann somit zwar dem Schadensersatzanspruch im Wege stehen, der entstandene Schadensersatzanspruch kann aber nicht die Rücktrittsberechtigung verhindern.

Daraus folgt: Liegen die Voraussetzungen des § 281 Abs. 1 S. 1 Alt. 1 BGB vor, kann der Gläubiger auch nach § 323 Abs. 1 Alt. 1 BGB vom Vertrag zurücktreten. Kombiniert er beide Rechtsbehelfe, braucht er gemäß § 346 Abs. 1 BGB nicht mehr zu erfüllen.

### *2. Wegfall der Gegenleistungspflicht ohne Rücktritt*

Problematisch ist, ob der Gläubiger im Fall des § 281 Abs. 1 S. 1 Alt. 1 BGB ohne einen zusätzlichen Rücktritt von seiner Gegenleistungspflicht frei wird.

#### a) Fruchtloser Ablauf der Nachfrist

Nach der zu § 326 BGB a. F. vertretenen Differenztheorie sollte die Erfüllungspflicht des Gläubigers erlöschen, sobald der Schuldner die ihm gesetzte Nachfrist zur Leistung fruchtlos verstreichen ließ.[178] Zur Begründung verwies man auf § 326 Abs. 1 S. 2 Hs. 2 BGB a. F. Wenn danach der Erfüllungsanspruch des Gläubigers gegen den Schuldner ausgeschlossen sei, könne auch der Schuldner keine Vertragserfüllung mehr verlangen.[179]

Auf § 281 Abs. 1 S. 1 Alt. 1 BGB ist diese Argumentation nicht ohne weiteres übertragbar. Zwar wird dem Gläubiger darin ebenfalls vorgeschrieben, eine Nachfrist zur Leistung zu bestimmen. Anders als nach § 326 Abs. 1 S. 2 Hs. 2

---

177 Zum Streitstand *Soergel/Gsell*, Bd. 5/2, § 325 Rdn. 13.

178 RGZ 50, 255, 263; 107, 345, 347; BGHZ 20, 338, 343 f.; BGH NJW 1994, 3351; *Gernhuber*, Das Schuldverhältnis (1989), § 13 II 5 a, S. 317 f.; *Larenz*, Schuldrecht I, § 23 II b, S. 356; MünchKomm/*Emmerich*, Bd. 2 (2001), § 326 Rdn. 93; *Palandt/Heinrichs* (2002), § 326 Rdn. 24; *Schöller*, in: Gruchot 44 (1900), S. 603, 625; *ders*., in: Gruchot 45 (1901), S. 511, 524; *Soergel/Wiedemann*, Bd. 2 (1990), § 326 Rdn. 69; *Staudinger/Otto* (2001), § 326 Rdn. 154.

179 RGZ 107, 345, 347; BGH NJW 1994, 3351; *Gernhuber*, Das Schuldverhältnis (1989), § 13 II 5 a, S. 317 f.; *Larenz*, Schuldrecht I, § 23 II b, S. 356; MünchKomm/*Emmerich*, Bd. 2 (2001), § 326 Rdn. 93; *Soergel/Wiedemann*, Bd. 2 (1990), § 326 Rdn. 69; *Staudinger/Otto* (2001), § 326 Rdn. 154.

BGB a. F. entfällt der Primäranspruch gegen den Schuldner aber nicht schon mit fruchtlosem Ablauf der Frist, sondern gemäß § 281 Abs. 4 BGB erst mit dem Schadensersatzverlangen. Selbst wenn man also davon ausgeht, dass der Gläubiger frei wird, sobald der Schuldner nicht mehr zu erfüllen braucht, was zweifelhaft ist[180], kann insoweit nicht mehr der fruchtlose Ablauf der Nachfrist herangezogen werden.

b) Schadensersatzverlangen

In Anknüpfung an die Argumentation mit § 326 Abs. 1 S. 2 Hs. 2 BGB a. F.[181] meinen einige[182], dass die Gegenleistungspflicht des Gläubigers erlösche, sobald er den Schadensersatzanspruch geltend macht. Weil der Schuldner in diesem Zeitpunkt gemäß § 281 Abs. 4 BGB von seiner ursprünglichen Leistungspflicht frei werde, gehe notwendig auch dessen Erfüllungsanspruch auf die Gegenleistung unter.[183] Die Befreiung des Gläubigers müsse nicht ausdrücklich durch das Gesetz angeordnet werden, sondern sei bereits eine Konsequenz aus dem konditionellen Synallagma.[184]

Diese Ansicht ist bedenklich. Insbesondere muss bezweifelt werden, ob die Gegenleistungspflicht auch ohne eine gesetzliche Grundlage, wie sie § 326 Abs. 1 S. 1 BGB darstellt[185], erlöschen kann. Allein aus dem Synallagma lassen sich keine unmittelbaren Rechtsfolgen gewinnen. Zwar ist die dogmatische Herleitung der Abhängigkeit von Leistung und Gegenleistung umstritten; alle Ansichten stimmen aber darin überein, dass das Synallagma nur eine Begründung dafür liefert, *warum* die Leistungspflichten voneinander abhängig sind. Welche konkreten Rechtsfolgen bei einer Leistungsstörung eintreten, gibt es hingegen nicht vor.[186] So erklärt die Bedingungstheorie[187] das Synallagma mit der Kategorie der auflösenden Bedingung. Das Gesetz könne die bedingungsgleiche Abhängigkeit mit einem automatischen Wegfall der Gegenleistungspflicht durch-

---

180 Zu den Bedenken sogleich Kap. 3 B II 2 b.

181 Soeben Kap. 3 B II 2 a.

182 *Arnold*, ZGS 2003, 427, 430; *Dauner-Lieb/Dötsch*, Fälle zum neuen Schuldrecht, S. 92 f.; *Füssenich*, JA 2004, 403; *Krause*, JURA 2002, 299, 304; *Staudinger/Otto* (2004), § 281 Rdn. D 12.

183 *Arnold*, ZGS 2003, 427, 430; *Krause*, JURA 2002, 299, 304; *Staudinger/Otto* (2004), § 281 Rdn. D 12.

184 *Arnold*, ZGS 2003, 427, 430; ähnlich *Krause*, JURA 2002, 299, 304; *Staudinger/Otto* (2004), § 281 Rdn. D 12.

185 Dazu oben Kap. 3 B I 1.

186 So bereits *Kaiser*, NJW 2001, 2425, 2428.

187 *Blomeyer*, Bedingungslehre (1938), S. 104 ff.

setzen[188] oder dem betroffenen Gläubiger ein Recht zum Rücktritt vom Vertrag geben.[189] Die Vertreter der Geschäftsgrundlagentheorie[190] ordnen das Synallagma als Geschäftsgrundlage des gegenseitigen Vertrages ein. Nach der Austauschzwecktheorie[191] gehört die Abhängigkeit der Leistungspflichten zum Inhalt des Vertrages. Die Anhänger der Causatheorie[192] meinen schließlich, jeder Vertragspartner verfolge den Austauschzweck für sich allein. Komme es zu einer Leistungsstörung, werde der Austauschzweck verfehlt, woraus sich die Notwendigkeit einer synallagmatischen Reaktion ergebe. Wie diese Reaktion auszusehen habe, folge aus dem Sinn des gegenseitigen Vertrages aber nicht.[193]

Mit dem Synallagma lässt sich somit unabhängig von der dogmatischen Herleitung nur begründen, *warum* der Gläubiger von seiner Gegenleistungspflicht frei werden muss, wenn die Erfüllung durch den Schuldner ausbleibt; *wie* diese Befreiung erfolgt, ergibt sich hingegen aus dem Gesetz. Im Fall des § 281 Abs. 1 S. 1 Alt. 1 BGB kann sich der Gläubiger durch einen Rücktritt vom Vertrag gemäß § 323 Abs. 1 Alt. 1 BGB befreien.[194] Insoweit besteht ein Unterschied zu den Fällen der §§ 283 S. 1, 311a Abs. 2 S. 1 BGB, in denen der Gläubiger vom Vertrag zurücktreten[195], gemäß § 326 Abs. 1 S. 1 BGB aber auch kraft Gesetzes frei werden kann[196]. Demgegenüber wird das Synallagma bei einer Leistungsverzögerung allein durch das Rücktrittsrecht gewahrt.

Somit ist es nicht haltbar, schon mit dem Hinweis auf das (konditionelle) Synallagma eine Befreiung des Gläubigers anzunehmen. Der Wegfall der Erfüllungspflicht des Schuldners gemäß § 281 Abs. 4 BGB hat für die Gegenleistungspflicht keine unmittelbaren Konsequenzen.

---

188 Als Beispiel für ein automatisches Erlöschen der Gegenleistungspflicht führt *Blomeyer* die Vorschrift des § 323 Abs. 1 BGB a. F. an: „*Eindeutiger könnte die wechselseitige auflösende Bedingtheit gar nicht ausgedrückt werden.*“ [*Blomeyer*, Bedingungslehre (1938), S. 114].

189 *Blomeyer*, Bedingungslehre (1938), S. 115 f., der den Rücktritt als Unterfall der auflösenden Bedingung ansieht; krit. dazu *van den Daele*, Probleme des gegenseitigen Vertrages (1968), S. 51 f.

190 *Schmidt-Rimpler*, Gegenseitigkeit (1968), S. 62 ff.

191 *Gernhuber*, Das Schuldverhältnis (1989), § 13 II 1 a, S. 312 ff.

192 *van den Daele*, Probleme des gegenseitigen Vertrages (1968), S. 16; *Klinke*, Causa und genetisches Synallagma (1983), S. 116 ff.

193 *van den Daele*, Probleme des gegenseitigen Vertrages (1968), S. 102.

194 Oben Kap. 3 B II.

195 Vgl. oben Kap. 3 B I 2.

196 Vgl. oben Kap. 3 B I 1.

c) Gesamtabrechnung

Ein weiterer Ansatz, mit dem die Vertreter der Differenztheorie zum alten Recht den Wegfall der Gegenleistungspflicht begründeten, war die sog. Gesamtabrechnung. Innerhalb der Schadensberechnung sollten beide Leistungspflichten zu unselbständigen Rechnungsposten herabsinken.[197] Eine solche Gesamtabrechnung könnte auch im Rahmen von § 281 Abs. 1 S. 1 Alt. 1 BGB vorzunehmen sein.

aa) Begriff des Schadensersatzes statt der Leistung

Möglicherweise deutet schon der Begriff des Schadensersatzes statt der Leistung auf eine Gesamtabrechnung von Leistung und Gegenleistung hin.

Zu §§ 325, 326 BGB a. F. führten die Vertreter der Differenztheorie an, dass sich der Terminus „Nichterfüllung" auf den ganzen Vertrag beziehe.[198] Dagegen sprach jedoch, dass eine Person für das Ausbleiben eines geschuldeten Erfolges nur insoweit haften kann, als die Herbeiführung desselben von ihr abhing.[199] Das, was der Schuldner in den Fällen der §§ 325, 326 BGB a. F. erbringen musste und zu erbringen unterließ, war aber allein die ursprünglich geschuldete Leistung.[200] Diese bereits zum alten Recht zutreffende Argumentation findet im Begriff Schadensersatz statt der Leistung neuen Boden: Der Ersatzanspruch tritt an die Stelle der ausgebliebenen Schuldnerleistung. Dass er sich auf den ganzen Vertrag und damit auch auf die Gegenleistung des Gläubigers bezieht, könnte man erwägen, wenn Schadensersatz statt der Leistung*en* geschuldet wäre; diese Formulierung hat der Gesetzgeber aber nicht gewählt.

Hinzu kommt der Umstand, dass § 281 Abs. 1 S. 1 Alt. 1 BGB auch auf einseitige Schuldverhältnisse anzuwenden ist.[201] Bei ihnen existiert keine Gegenleistungspflicht, die im Wege einer Gesamtabrechnung erlöschen könnte. Ähnliches wurde bereits zum alten Recht gegen die Differenztheorie vorgebracht. Dort war der Schadensersatz wegen Nichterfüllung bei einseitigen Schuldverhältnissen in den §§ 280, 286 Abs. 2 BGB a. F. geregelt. Die Vertreter der

---

[197] RGZ 141, 259, 262; BGHZ 87, 156, 159; 126, 131, 136; BGH WM 1983, 418; ähnlich *Larenz*, Schuldrecht I, § 22 II b, S. 341; *Schöller*, in: Gruchot 44 (1900), S. 603, 624 f.; *Staudinger/Otto* (2001), § 325 Rdn. 40.

[198] Vgl. RGZ 50, 255, 264 f.: Das zweiseitige Rechtsgeschäft komme *„nach keiner Richtung zum Austrag"*; *Larenz*, Schuldrecht I, § 22 II b, S. 341 (*„Abwicklungsstadium"*); RGRK/*Ballhaus*, § 325 Rdn. 13; *Schöller*, in: Gruchot 44 (1900), S. 603, 625.

[199] *Kisch*, JherJb 44 (1902), S. 68, 97.

[200] *Kisch*, JherJb 44 (1902), S. 68, 97.

[201] *Erman/Westermann* (2004), § 281 Rdn. 4; MünchKomm/*Ernst*, Bd. 2a, § 281 Rdn. 7.

Surrogationstheorie meinten, nach allgemeinen Auslegungsgrundsätzen könne ein und derselbe Begriff an verschiedenen Stellen des Gesetzes nicht unterschiedlich verstanden werden. Deshalb umfasse auch der in §§ 325, 326 BGB a. F. verwendete Terminus „Nichterfüllung" nur die Schuldnerleistung.[202] Jene Argumentation war zwar angreifbar, weil der behauptete allgemeine Auslegungsgrundsatz in Wahrheit nicht existiert.[203] Es ist aber jedenfalls nicht überzeugend, ein und dasselbe Tatbestandsmerkmal innerhalb einer einzigen Vorschrift unterschiedlich auszulegen. Schadensersatz statt der Leistung i. S. v. § 281 Abs. 1 S. 1 Alt. 1 BGB bedeutet daher bei einseitigen Schuldverhältnissen ebenso wie bei gegenseitigen Verträgen, dass die Ersatzpflicht an die Stelle der ausgebliebenen Schuldnerleistung tritt. Die Gegenleistung ist nicht betroffen.

Eine Gesamtabrechnung, innerhalb derer die Erfüllungspflicht des Gläubigers erlischt, kann somit insgesamt nicht aus dem Begriff des Schadensersatzes statt der Leistung hergeleitet werden.

bb) Auflösung oder Umwandlung des Vertrages

Die Rechtsprechung zu § 326 BGB a. F. begründete eine Gesamtabrechnung von Leistung und Gegenleistung mit dem Argument, dass das Vertragsverhältnis aufgelöst[204] bzw. endgültig liquidiert[205] werde. Im Hinblick auf den Wortlaut des § 281 Abs. 1 S. 1 BGB ist diese Ansicht haltlos geworden. Dass der Vertrag nicht aufgelöst wird, sondern gerade bestehen bleibt, belegt der Umstand, dass der Schadensersatzanspruch „unter den Voraussetzungen des § 280 Abs. 1" gewährt wird. Jene Bestimmung setzt ein Schuldverhältnis voraus; der Vertrag ist somit die Grundlage für den Anspruch auf Schadensersatz statt der Leistung.

Mit der Begründung des Schadensersatzanspruchs wird der Vertrag auch nicht in ein einseitiges Abrechnungsverhältnis umgewandelt.[206] Andernfalls ergäben sich Widersprüche, wenn von Anfang an keine primären Leistungspflichten entstanden sind.[207] Aus § 311a Abs. 1 BGB folgt zwar, dass eine anfängliche

---

202 *Kisch*, JherJb 44 (1902), S. 68, 97; *v. Mayr*, in: 27. DJT (1904), S. 167, 178.

203 Ein Beispiel dafür, dass ein und derselbe Begriff in verschiedenen Vorschriften unterschiedlich verstanden wird, ist die „Genehmigung". Gemäß § 184 Abs. 1 BGB ist darunter die nachträgliche Zustimmung zu verstehen; die Zustimmung des Vormundschaftsgerichts (§§ 1821 f. BGB) wird hingegen auch dann als „Genehmigung" bezeichnet, wenn sie im Voraus erteilt wurde [vgl. *Larenz*, Methodenlehre, S. 321: „*Solche Abweichungen sind* (...) *niemals ganz ausgeschlossen*"].

204 So RGZ 66, 61, 70; BGH NJW 1958, 1915 zu § 326 BGB a. F.

205 So RGZ 127, 245, 248.

206 So RGZ 61, 348, 352 zu § 326 BGB a. F.; ebenso *Soergel/Wiedemann*, Bd. 2 (1990), § 326 Rdn. 69.

207 So bereits *Meincke*, AcP 171 (1971), S. 19, 29 f. zum alten Recht.

Unmöglichkeit der Wirksamkeit des Vertrages nicht entgegensteht.[208] Allerdings erzeugt dieser Vertrag keine Erfüllungspflichten.[209] Eine Umwandlung des Vertrages in einen Schadensersatzanspruch könnte somit nicht stattfinden, weil keine Leistungspflichten vorhanden sind, die umgewandelt werden könnten.

cc) Legalkompensation

Wegen der dogmatischen und begrifflichen Schwierigkeiten einer Auflösung oder Umwandlung des Vertrages wurde zu §§ 325, 326 BGB a. F. vertreten, dass die Gegenleistungspflicht des Gläubigers im Wege einer sog. Legalkompensation erlösche.[210] Mit dem Schadensersatzanspruch entstehe eine aufrechnungsähnliche Lage, in der sich Leistung und Gegenleistung gegenüberstünden.[211] Der Gläubiger brauche aber keine Aufrechnung i. S. v. §§ 387 ff. BGB zu erklären, um frei zu werden. Das sei nur bei Forderungen aus verschiedenen Rechtsverhältnissen sinnvoll, nicht aber in einem gegenseitigen Vertrag.[212]

Dieser Ansicht konnte und kann entgegengehalten werden, dass dem Gesetz eine Legalkompensation unbekannt ist. Das BGB kennt nur die Aufrechnung i. S. v. §§ 387 ff. BGB. Außerdem ordnet § 326 Abs. 1 S. 1 BGB für den Fall der Unmöglichkeit den Untergang der Gegenleistungspflicht an. Diese Vorschrift wäre überflüssig, wenn der Gläubiger bereits im Wege einer Legalkompensation frei würde.

dd) Verknüpfung von Synallagma und Schadensersatz

In der Literatur[213] zum alten Recht wurde eine Gesamtabrechnung von Leistung und Gegenleistung auch damit begründet, dass in die Schadensberechnung eine synallagmatische Rechtsfolge eingefügt werden müsse. Synallagma und Schadensersatz müssten systemgerecht miteinander verbunden werden.[214] Die wechselseitige Abhängigkeit bestehe nur zwischen den ursprünglich vereinbarten

---

208 Anders war das im alten Recht bei einer anfänglichen objektiven Unmöglichkeit. In diesem Fall war der Vertrag gemäß § 306 BGB a. F. nichtig. Zu den Gründen, die den Gesetzgeber zur Aufhebung jener Regelung veranlasst haben vgl. BT-Drs. 14/6040, S. 164 ff.

209 MünchKomm/*Ernst*, Bd. 2a, § 311a Rdn. 3.

210 *Braga*, MDR 1959, 437, 438 f.

211 *Braga*, MDR 1959, 437, 438.

212 *Braga*, MDR 1959, 437, 438.

213 *van den Daele*, Probleme des gegenseitigen Vertrages (1968), S. 91.

214 *Esser/Schmidt*, Schuldrecht I/2, § 28 III 3 a, S. 129; ähnlich *Leser*, Rücktritt (1975), S. 129.

Leistungspflichten. Der Schadensersatz könne aber nicht die Funktion der vertraglichen Gegenleistung übernehmen. Denn nicht um den Wert der vertraglichen Leistung, sondern um diese selbst zu erhalten, habe sich jede Partei verpflichtet.[215] Das Interesse des Gläubigers, von seiner eigenen, zwecklos gewordenen Leistungspflicht loszukommen, sei aber aus dem gegenseitigen Vertrag geschützt.[216] Deshalb ergebe sich aus dem Sinn des gegenseitigen Vertrages, dass die Gegenleistungspflicht im Wege der Schadensberechnung entfalle.[217] Die ursprünglich vom Gesetzgeber als selbständig gedachten Leistungsansprüche würden in letzter Konsequenz ihrer synallagmatischen Verbindung zu unselbständigen Rechnungsposten.[218]

Dem ist insoweit zuzustimmen, als es mit dem Zweck des gegenseitigen Vertrages nicht in Einklang steht, eine Partei an ihrer Erfüllungspflicht festzuhalten, obwohl die andere nicht zu leisten braucht.[219] Jedoch kann der Wegfall der Gegenleistungspflicht nicht allein mit dem Synallagma begründet werden.[220] Erforderlich ist vielmehr eine gesetzliche Regelung, welche die Befreiung des Gläubigers anordnet. Eine solche Vorschrift, wie sie § 326 Abs. 1 S. 1 BGB darstellt, existiert für den Fall des § 281 Abs. 1 S. 1 Alt. 1 BGB gerade nicht. Folglich gibt es keine synallagmatische Rechtsfolge, die in den Schadensersatz integriert werden könnte.

### *III. Zusammenfassung*

In den Fällen der §§ 283 S. 1, 311a Abs. 2 S. 1 BGB erlischt die Leistungspflicht des Gläubigers regelmäßig gemäß § 326 Abs. 1 S. 1 BGB. Eine teleologische Reduktion der Norm bei einer vom Schuldner zu vertretenden Unmöglichkeit findet nicht statt.[221] Der Gläubiger kann sich auch durch einen Rücktritt vom Vertrag gemäß §§ 346 Abs. 1, 326 Abs. 5, 323 BGB befreien.[222] Die Kombination von Rücktritt und Schadensersatz statt der Leistung ist nach § 325 BGB zulässig.[223] Selbständige Bedeutung hat der Rücktritt aber nur bei einer Teilun-

---

215 *van den Daele*, Probleme des gegenseitigen Vertrages (1968), S. 89.
216 *van den Daele*, Probleme des gegenseitigen Vertrages (1968), S. 89.
217 *van den Daele*, Probleme des gegenseitigen Vertrages (1968), S. 91.
218 *Leser*, Rücktritt (1975), S. 129.
219 Oben Kap. 3 B I 1 a bb (a).
220 Oben Kap. 3 B II 2 b.
221 Kap. 3 B I 1 a.
222 Kap. 3 B I 2.
223 Kap. 3 B I 2 c.

möglichkeit, einer qualitativen Unmöglichkeit und bei Ungewissheit über die Ursache der Leistungsstörung.[224]

Für den Fall des § 281 Abs. 1 S. 1 Alt. 1 BGB fehlt eine dem § 326 Abs. 1 S. 1 BGB entsprechende Regelung. Bei einer Leistungsverzögerung erlischt die Gegenleistungspflicht daher nicht kraft Gesetzes. Vielmehr muss der Gläubiger gemäß § 323 Abs. 1 Alt. 1 BGB vom Vertrag zurücktreten, um frei zu werden.[225] Ein automatischer Wegfall der Gegenleistungspflicht folgt auch nicht aus § 281 Abs. 4 BGB. Zwar braucht der Schuldner nach dieser Bestimmung nicht mehr zu erfüllen, sobald der Gläubiger den Schadensersatzanspruch geltend macht; daraus ergeben sich aber keine unmittelbaren Konsequenzen für die Gegenleistungspflicht.[226] Ein anderes Ergebnis folgt insbesondere nicht aus der synallagmatischen Abhängigkeit beider Leistungen. Das Synallagma besagt nur, warum der Gläubiger frei werden muss, wenn die Schuldnerleistung ausbleibt, nicht aber, wie diese Befreiung rechtstechnisch erfolgt.[227] Ebenso wenig überzeugt der Gedanke, dass Leistung und Gegenleistung im Wege einer Gesamtabrechnung zu unselbständigen Rechnungsposten herabsinken.[228]

## C. Konsequenzen für die Schadensberechnung

Nachfolgend wird untersucht, welche Konsequenzen die bisherigen Untersuchungsergebnisse haben. Es geht um die Frage, wie sich das Schicksal der Gegenleistungspflicht auf die Schadensberechnung auswirkt.

### *I. Ausgangspunkt: §§ 249 ff. BGB*

Ausgangspunkt für die Schadensberechnung sind die §§ 249 ff. BGB. Ihnen liegt die sog. *Differenzhypothese* zugrunde. Dieser Begriff ist nicht zu verwechseln mit dem bislang verwendeten Terminus *Differenztheorie.* Letzterer bezeichnet eine Methode für die Schadensberechnung bei gegenseitigen Verträgen. Die Differenz wird hierbei aus dem Wert von Leistung und Gegenleistung gebildet. Dagegen ist die Differenzhypothese ein allgemeiner Grundsatz des Schadensrechts, mit dem geklärt werden soll, ob überhaupt ein ersatzfähiger Schaden vorliegt. Voraussetzung ist, dass das Vermögen des Betroffenen geringer ist als

[224] Kap. 3 B I 2 b.
[225] Kap. 3 B II 1.
[226] Kap. 3 B II 2 b.
[227] Kap. 3 B II 2 b.
[228] Kap. 3 B II 2 c.

es ohne das die Ersatzpflicht auslösende Ereignis wäre.[229] Die Differenzhypothese muss bei jedem Schadensersatzanspruch zugrunde gelegt werden.

Für die Berechnung der Ansprüche aus §§ 281 Abs. 1 S. 1 Alt. 1, 283 S. 1, 311a Abs. 2 S. 1 BGB ergibt sich nach der Differenzhypothese folgende Ausgangslage: Der Schuldner hat jeweils die Pflicht verletzt, die ihm obliegende Leistung zu erbringen. Der hypothetische Zustand bei der Schadensermittlung ist also derjenige, der sich bei rechtzeitiger und ordnungsgemäßer Erfüllung ergeben hätte. Dann hätte der Gläubiger die geschuldete Leistung erhalten; in Höhe ihres Wertes hat der Schuldner Ersatz zu leisten. Bei ordnungsgemäßer Erfüllung wäre der Gläubiger aber auch zur Gegenleistung verpflichtet gewesen. Ob der Wert der Gegenleistungspflicht bei der Schadenshöhe zu berücksichtigen ist, kann somit davon abhängig gemacht werden, ob der Gläubiger nach dem Eintritt des schadensbegründenden Ereignisses noch leisten muss.

### *II. Anwendbarkeit der Differenztheorie*

#### *1. Kombination von Rücktritt und Schadensersatz statt der Leistung*

Tritt der Gläubiger vom Vertrag zurück, so erlischt seine Gegenleistungspflicht gemäß § 346 Abs. 1 BGB.[230] Rücktritt und Schadensersatz statt der Leistung können nach § 325 BGB miteinander kombiniert werden.[231] Macht der Gläubiger in dieser Weise von seinen gesetzlichen Rechtsbehelfen Gebrauch, darf er aber nicht besser gestellt werden als er stünde, wenn der Schuldner ordnungsgemäß erfüllt hätte. Eine solche Besserstellung widerspräche dem schadensrechtlichen Bereicherungsverbot.[232] Die §§ 249 ff. BGB bezwecken lediglich, die Lage herbeizuführen, die ohne das schädigende Ereignis bestanden hätte. Es ist nicht Ziel des Schadensrechts, dem Betroffenen über den Schadensausgleich hinaus einen Gewinn zu verschaffen.[233] Folglich mindert es den Umfang des Schadensersatzes statt der Leistung, wenn der Gläubiger seine eigene Leistung

---

229 Vgl. RGZ 77, 99, 101; BGHZ 27, 181, 183 f.; 40, 345, 347; 75, 366, 371; 86, 128, 130; 99, 182, 196; *Erman/Kuckuk* (2004), vor § 249 Rdn. 25; MünchKomm/*Oetker*, Bd. 2a, § 249 Rdn. 19; *Palandt/Heinrichs* (2007), vor § 249 Rdn. 8; krit. zur Differenzhypothese insbesondere *Keuk*, Vermögensschaden und Interesse (1972), S. 19 ff.; *Honsell*, JuS 1973, 69 ff.; *Staudinger/Schiemann* (2005), § 249 Rdn. 6.

230 Oben Kap. 3 B I 2 a.

231 Oben Kap. 3 B I 2 c.

232 *Gsell*, JZ 2004, 643, 644 f.; *Soergel/Gsell*, Bd. 5/2, § 325 Rdn. 5; ähnlich *Huber/Faust*, Schuldrechtsmodernisierung, Kap. 3 Rdn. 191; MünchKomm/*Ernst*, Bd. 2a, § 325 Rdn. 3.

233 MünchKomm/*Oetker*, Bd. 2a, § 249 Rdn. 20; *Soergel/Mertens*, Bd. 2 (1990), vor § 249 Rdn. 25; *Staudinger/Schiemann* (2005), vor § 249 Rdn. 2; krit. zum schadensrechtlichen Bereicherungsverbot MünchKomm/*Grunsky*, Bd. 2 (1994), vor § 249 Rdn. 6a.

rücktrittsbedingt nicht mehr zu erbringen braucht.[234] Bei einer Kombination von Rücktritt und Schadensersatz kommt somit die Differenztheorie zum Zuge. Das gilt sowohl für § 281 Abs. 1 S. 1 Alt. 1 BGB als auch für §§ 283 S. 1, 311a Abs. 2 S. 1 BGB.

### *2. Isoliertes Schadensersatzverlangen*

Macht der Gläubiger seinen Schadensersatzanspruch isoliert, d. h. ohne einen zusätzlichen Rücktritt vom Vertrag geltend, hängt die Anwendbarkeit der Differenztheorie davon ab, welches Schicksal die Gegenleistungspflicht hat. Auf der Grundlage der oben gefundenen Ergebnisse[235] ist insoweit zu differenzieren.

Liegt ein Fall der §§ 283 S. 1, 311a Abs. 2 S. 1 BGB vor, wird der Gläubiger regelmäßig gemäß § 326 Abs. 1 S. 1 BGB frei.[236] Behält er dementsprechend seine eigene Leistung, muss er sich ihren Wert nach den Grundsätzen des schadensrechtlichen Bereicherungsverbots[237] als Minderungsposten anrechnen lassen. Somit kommt die Differenztheorie zum Zuge.

Greift § 326 Abs. 1 S. 1 BGB hingegen nicht ein, ist der Gläubiger weiterhin zur Erfüllung verpflichtet. Um insoweit frei zu werden, muss er gemäß §§ 326 Abs. 5, 323 BGB vom Vertrag zurücktreten.[238] Im Fall des § 281 Abs. 1 S. 1 Alt. 1 BGB ist ein Rücktritt immer erforderlich, damit die Gegenleistungspflicht erlischt.[239] Vor dem Hintergrund des schadensrechtlichen Bereicherungsverbots besteht jeweils kein Grund dafür, den Schadensumfang um den Wert der Gegenleistungspflicht zu mindern. Danach wäre die Differenztheorie nicht anwendbar.

Ein anderes Ergebnis folgt möglicherweise aus § 376 HGB. Dort ist der Anspruch auf Schadensersatz wegen Nichterfüllung beim Handelskauf geregelt. Gemäß § 376 Abs. 2 HGB besteht der zu ersetzende Schaden in dem Unterschied zwischen dem vertraglichen Kaufpreis der Ware und ihrem Börsen- oder Marktpreis. Das entspricht einer Schadensberechnung nach der Differenztheorie. Zum alten Recht meinten einige[240], die Differenztheorie sei mit § 376 Abs. 2 HGB gesetzlich anerkannt worden; sie müsse deshalb auch für §§ 325, 326 BGB a. F. gelten. Im neuen Recht wird § 376 Abs. 2 HGB ebenfalls als Argument für

---

234 *Gsell*, JZ 2004, 643, 644 f.; *Soergel/Gsell*, Bd. 5/2, § 325 Rdn. 5; i. E. auch *Huber/Faust*, Schuldrechtsmodernisierung, Kap. 3 Rdn. 191; MünchKomm/*Ernst*, Bd. 2a, § 325 Rdn. 3.

235 Kap. 3 B.

236 Oben Kap. 3 B I 1.

237 Dazu soeben Kap. 3 C II 1.

238 Fallgruppen oben Kap. 3 B I 2 b.

239 Oben Kap. 3 B II.

240 *Kipp*, in: 27. DJT (1904), S. 249, 269 ff.; *Schöller*, in: Gruchot 44 (1900), S. 603, 630; *Staudinger/Otto* (2001), § 325 Rdn. 41.

die Differenztheorie herangezogen.[241] Dieser Ansicht ist jedoch nicht zu folgen. § 376 HGB ist auf die speziellen Anforderungen des Handelsverkehrs zugeschnitten.[242] Dort werden regelmäßig Spekulationsgeschäfte vorgenommen, bei denen die Parteien weniger ein Interesse an der Ware selbst als vielmehr an dem durch sie repräsentierten Wert haben.[243] Diese Besonderheiten des Handelsverkehrs können nicht auf die bürgerlichrechtlichen Vorschriften der §§ 281, 283, 311a BGB übertragen werden.[244]

Damit bleibt es bei folgendem Befund: Macht der Gläubiger seinen Schadensersatzanspruch isoliert, d. h. ohne einen zusätzlichen Rücktritt vom Vertrag geltend, ist die Differenztheorie im Rahmen von § 281 Abs. 1 S. 1 Alt. 1 BGB nicht anwendbar. Bei den §§ 283 S. 1, 311a Abs. 2 S. 1 BGB kommt sie nur zum Zuge, wenn § 326 Abs. 1 S. 1 BGB eingreift und der Gläubiger seine Leistung behält.

### *III. Anwendbarkeit der Surrogationstheorie*

Schadensersatz statt der Leistung nach der Surrogationstheorie bedeutet, dass der Gläubiger selbst leistet und den vollen Wert der ausgebliebenen Schuldnerleistung verlangt. Eine solche Schadensberechnung ist jedenfalls dann nicht möglich, wenn der Gläubiger den Rücktritt vom Vertrag erklärt. Denn der rücktrittsbedingte Wegfall der Gegenleistungspflicht wirkt sich zwangsläufig schadensmindernd aus.[245] Für einen Austausch der Gegenleistung mit dem vollen Schadensersatz ist daher nur Raum, wenn der Anspruch isoliert, d. h. ohne einen Rücktritt geltend gemacht wird. Ob die Surrogationstheorie unter dieser Voraussetzung anwendbar ist, kann davon abhängen, ob der Gläubiger nach § 281 Abs. 1 S. 1 Alt. 1 BGB oder nach §§ 283 S. 1, 311a Abs. 2 S. 1 BGB vorgeht.

#### *1. § 281 Abs. 1 S. 1 Alt. 1 BGB*

Verlangt der Gläubiger Schadensersatz statt der Leistung gemäß § 281 Abs. 1 S. 1 Alt. 1 BGB, bleibt er ohne einen zusätzlichen Rücktritt zu seiner Gegenleistung verpflichtet.[246] Bei isolierter Schadensberechnung müsste daher an sich

---

241 Vgl. *Staudinger/Otto* (2004), § 280 Rdn. E 55.

242 *Kisch*, JherJb 44 (1902), S. 68, 141; *v. Mayr*, in: 27. DJT (1904), S. 167, 176; *Oertmann*, § 325 Anm. 1 b.

243 *Kisch*, JherJb 44 (1902), S. 68, 141.

244 Zutreffend zum alten Recht *Oertmann*, § 325 Anm. 1 b.

245 Oben Kap. 3 C II 1.

246 Oben Kap. 3 B II 2.

zwangsläufig die Surrogationstheorie anzuwenden sein. Es kommt nicht zu einer Bereicherung, die schadensmindernd zu berücksichtigen wäre.[247]

a) Genereller Ausschluss der Surrogationstheorie

Einige[248] schließen eine Schadensberechnung nach der Surrogationstheorie bei § 281 Abs. 1 S. 1 Alt. 1 BGB aber generell aus. Sie sei überflüssig, weil der Gläubiger, der seine Gegenleistung noch erbringen wolle, am Vertrag festhalten und Ersatz des Verzögerungsschadens gemäß § 280 Abs. 1, Abs. 2 BGB i. V. m. § 286 BGB verlangen könne.[249]

Diese Argumentation wurde bereits zum alten Recht vorgebracht.[250] Für den Ausschluss der Surrogationstheorie bei § 326 BGB a. F. sollte auch Folgendes sprechen: Mit Ablauf der unter Ablehnungsandrohung gesetzten Nachfrist werde nicht nur der Schuldner gemäß § 326 Abs. 1 S. 2 Hs. 2 BGB a. F. von seiner Erfüllungspflicht frei, sondern zwangsläufig auch der Gläubiger von seiner Gegenleistungspflicht. Damit sei eine Schadensberechnung nach der Surrogationstheorie nicht zu vereinbaren.[251] Dem folgte zuletzt auch der BGH. In der grundlegenden Entscheidung, mit der die höchstrichterliche Rechtsprechung von der eingeschränkten Differenztheorie abgerückt war, heißt es:

> *„Hat der Gläubiger (...) dem Schuldner zur Bewirkung der Leistung fruchtlos eine Frist mit der Erklärung gesetzt, er lehne nach Fristablauf die Annahme der Leistung ab, so erlischt gem. § 326 I BGB der Anspruch auf Erfüllung und dann auch der dem Schuldner seinerseits zustehende Erfüllungsanspruch. Damit verwandelt sich das vertragliche Austauschverhältnis in ein einseitiges Abrechnungsverhältnis. (...) Der Kl. konnte deshalb das untergegangene Austauschverhältnis nicht dadurch wiederherstellen, daß er seine Vertragsleistung (...) anbot. Der Senat hält daher an der in BGHZ 20, 338 (343) (...) vertretenen gegenteiligen Ansicht nicht fest. Die dort herangezogene eingeschränkte Differenztheorie kommt nur im Falle des § 325 BGB in Betracht.“*[252]

Nicht auszuschließen ist, dass der BGH in ähnlicher Weise zu § 281 BGB argumentieren wird. Anknüpfungspunkt für den Wegfall der Gegenleistungspflicht

---

[247] Zum schadensrechtlichen Bereicherungsverbot soeben Kap. 3 C II 1.

[248] *Füssenich*, JA 2004, 403, 404 f.; *Dauner-Lieb/Dötsch*, Fälle zum neuen Schuldrecht, S. 102; *Kohte/Willingmann/Hirse*, Kompaktkomm-BGB, § 281 Rdn. 24 f.

[249] *Füssenich*, JA 2004, 403, 405; *Kohte/Willingmann/Hirse*, Kompaktkomm-BGB, § 281 Rdn. 25.

[250] Vgl. *Soergel/Wiedemann*, Bd. 2 (1990), § 326 Rdn. 73.

[251] *Soergel/Wiedemann*, Bd. 2 (1990), § 326 Rdn. 73.

[252] BGH NJW 1994, 3351; bestätigt durch BGH DB 1995, 2007, 2008; NJW 1999, 3115, 3117.

des Gläubigers könnte allerdings nicht mehr der fruchtlose Ablauf der Nachfrist sein. Denn nach § 281 Abs. 4 BGB wird der Schuldner nicht schon mit dem Fristablauf, sondern erst mit dem Schadensersatzverlangen frei. Mit dieser Modifikation könnte der BGH seine neuere Rechtsprechung zu § 326 BGB a. F. aber aufrechterhalten.[253] Es käme nur zu einer Verschiebung des Zeitpunktes, in dem die Gegenleistungspflicht des Gläubigers unterginge.[254]

Eine Übertragung der zu § 326 BGB a. F. vertretenen strengen Differenztheorie auf § 281 BGB kann aber nicht befürwortet werden. Bereits die Prämisse des BGH, wonach der Gläubiger frei werden sollte, sobald er seinen Erfüllungsanspruch gegen den Schuldner verlor, war verfehlt.[255] In dieser Untersuchung wurde nachgewiesen, dass die Gegenleistungspflicht fortbesteht, wenn ihr Wegfall nicht gesetzlich angeordnet wird.[256] Eine entsprechende Bestimmung existierte für den Fall des § 326 BGB a. F. aber nicht. Im Hinblick auf § 281 BGB hat sich insoweit keine Neuerung ergeben. Vielmehr muss der Gläubiger nach § 323 Abs. 1 Alt. 1 BGB vom Vertrag zurücktreten, damit er frei wird. Ein anderes Ergebnis folgt auch nicht aus der synallagmatischen Abhängigkeit von Leistung und Gegenleistung; allein aus dem Synallagma lassen sich keine Rechtsfolgen herleiten. Der Wegfall der Erfüllungspflicht des Schuldners gemäß § 281 Abs. 4 BGB hat für die Gegenleistungspflicht des Gläubigers keine unmittelbaren Konsequenzen.[257]

Es ist auch nicht überzeugend, eine Schadensberechnung nach der Surrogationstheorie mit dem Argument auszuschließen, der Gläubiger könne am Vertrag festhalten und Ersatz des Verzögerungsschadens gemäß § 280 Abs. 1, Abs. 2 BGB i. V. m. § 286 BGB verlangen.[258] Es trifft zwar zu, dass mit fruchtlosem Ablauf der Nachfrist i. S. v. § 281 Abs. 1 S. 1 BGB insofern eine Doppelberechtigung des Gläubigers entsteht, als er zwischen der Erfüllung des Vertrages und dem Schadensersatz statt der Leistung wählen kann.[259] Entscheidet er sich für den Schadensersatzanspruch, darf ihm aber nicht verwehrt werden, nach der Surrogationstheorie abzurechnen. Das widerspräche dem Sinn der Fristsetzung, der darin besteht, dem Gläubiger ein Druckmittel an die Hand zu geben. Mit der

---

253 Darauf weist auch *Sutschet*, JURA 2006, 586, 590 hin.

254 Dafür *Dauner-Lieb/Dötsch*, Fälle zum neuen Schuldrecht, S. 102; i. E. auch *Kohte/Willingmann/Hirse*, Kompaktkomm-BGB, § 281 Rdn. 24.

255 Zutreffend gegen die neuere Rechtsprechung zu § 326 BGB a. F. *Kaiser*, Rückabwicklung (2000), S. 94 ff.; *dies.*, NJW 2001, 2425 ff.

256 Oben Kap. 3 B II 2.

257 Oben Kap. 3 B II 2 b.

258 So aber *Füssenich*, JA 2004, 403, 405; *Kohte/Willingmann/Hirse*, Kompaktkomm-BGB, § 281 Rdn. 25.

259 MünchKomm/*Ernst*, Bd. 2a, § 281 Rdn. 67.

Fristsetzung sollen Sanktionen in Aussicht gestellt werden können.[260] Müsste der Schuldner aber lediglich befürchten, auf Erfüllung des Vertrages und Ersatz des Verzögerungsschadens in Anspruch genommen zu werden, wäre er nur einem geringen Druck ausgesetzt. Augenfällig wird dies, wenn sich der Schuldner zur Lieferung einer Sache verpflichtet hat und er dieser Pflicht trotz Fälligkeit und Fristsetzung nicht nachkommt. Könnte der Gläubiger in dieser Konstellation nach Fristablauf allein Erfüllung und Ersatz des Verzögerungsschadens verlangen, müsste der Schuldner nur damit rechnen, das zu leisten, wozu er sich ohnehin verpflichtet hat, nämlich die Lieferung der Sache. Das ist anders, wenn der Gläubiger Schadensersatz nach der Surrogationstheorie verlangen kann. Dann muss sich der Schuldner darauf einstellen, den vollen Wert seiner ausgebliebenen Leistung zu zahlen. Die dafür erforderlichen finanziellen Mittel muss er sich möglicherweise erst noch beschaffen. Darüber hinaus wäre er verpflichtet, die Gegenleistung des Gläubigers in Empfang zu nehmen, wofür er u. U. noch Vorbereitungen (z. B. die Bereitstellung eines Lagers) zu treffen hat. Nähme man dem Gläubiger dieses Druckpotential, würde der Sinn der Fristsetzung unterlaufen.[261] Vor diesem Hintergrund ist ein genereller Ausschluss der Surrogationstheorie bei § 281 Abs. 1 S. 1 Alt. 1 BGB nicht zu rechtfertigen.

b) Ausschluss der Surrogationstheorie bei Geldforderungen

Zu § 326 BGB a. F. wurde die Auffassung[262] vertreten, dass die Surrogationstheorie zumindest dann ausgeschlossen sei, wenn die ausgebliebene Schuldnerleistung in Geld bestand. So könne der Verkäufer nicht verlangen, dass der Käufer den Kaufgegenstand abnehme und als Schadensersatz den Wert des Kaufpreises zahle.[263] Denn der Wert des Kaufpreises sei nichts anderes als der Kaufpreis selbst; gerade darauf habe der Verkäufer aber nach § 326 Abs. 1 S. 2 Hs. 2 BGB a. F. keinen Anspruch mehr.[264] Im Hinblick auf § 281 BGB wird diese Argumentation aufgegriffen: Bei Geldschulden sei der Schadensersatz nach der Surrogationstheorie mit der ausgebliebenen Schuldnerleistung identisch. Gemäß § 281 Abs. 4 BGB sei der Primäranspruch aber erloschen.[265]

---

260 Vgl. MünchKomm/*Ernst*, Bd. 2a, § 281 Rdn. 30; *Palandt/Heinrichs* (2007), § 281 Rdn. 9; *Staudinger/Otto* (2004), § 281 Rdn. A 12.

261 Zutreffend *Staudinger/Otto* (2004), § 281 Rdn. B 144.

262 *Huber*, Leistungsstörungen II, § 36 II 3, S. 193 f.

263 *Huber*, Leistungsstörungen II, § 36 II 4, S. 194.

264 *Huber*, Leistungsstörungen II, § 36 II 4, S. 194.

265 *Arnold*, ZGS 2003, 427, 431.

Diese Ansicht überzeugt nicht. Der Zweck des § 281 Abs. 4 BGB besteht darin, dem Schuldner Rechtssicherheit zu gewähren.[266] Er soll sich darauf einstellen können, die vereinbarte Leistung nicht mehr in Natur erbringen zu müssen.[267] Die Bereithaltung einer Geldleistung bedeutet aber keinen besonderen Aufwand, der über die Bereithaltung ihres Wertes hinausgeht.[268] Weiter trifft die Annahme nicht zu, bei Geldschulden sei der Schadensersatz nach der Surrogationstheorie mit dem ursprünglichen Erfüllungsanspruch identisch. In Wahrheit handelt es sich um verschiedene Ansprüche. Anspruch i. S. v. § 281 Abs. 4 BGB meint den Primäranspruch gegen den Schuldner.[269] Dagegen bezieht sich der Schadensersatz statt der Leistung auf das Ausbleiben der Schuldnerleistung. Es handelt sich um einen vertraglichen Sekundäranspruch.[270] Leistungs- und Schadensersatzanspruch sind begrifflich voneinander zu trennen und schon aus diesem Grund nicht identisch. Die Tatsache, dass beide bei Geldschulden denselben Inhalt haben, wenn der Schaden nach der Surrogationstheorie berechnet wird, ist rein zufälliger Natur. Daher ist die Surrogationstheorie bei § 281 BGB auch dann nicht ausgeschlossen, wenn die ausgebliebene Schuldnerleistung in Geld bestand.

### *2. §§ 283 S. 1, 311a Abs. 2 S. 1 BGB*

#### a) Ausschluss der Surrogationstheorie wegen § 326 Abs. 1 S. 1 BGB

Für §§ 283 S. 1, 311a Abs. 2 S. 1 BGB lehnen einige[271] eine Schadensberechnung nach der Surrogationstheorie wegen § 326 Abs. 1 S. 1 BGB ab. Der darin angeordnete Wegfall der Gegenleistungspflicht sei zwingend, weil es sich um eine rechtsvernichtende Einwendung handele.[272] Es verhalte sich gerade nicht so wie bei einer Einrede, wonach der Schuldner zwar nichts mehr fordern, der Gläubiger aber noch leisten dürfe.[273] Vielmehr müsse die nicht mehr geschuldete Gegenleistung stets schadensmindernd berücksichtigt werden.[274]

---

[266] BT-Drs. 14/6040, S. 140 f.; *Lorenz/Riehm*, Schuldrecht, Rdn. 213.

[267] *Lorenz/Riehm*, Schuldrecht, Rdn. 213.

[268] *Lorenz/Riehm*, Schuldrecht, Rdn. 213.

[269] MünchKomm/*Ernst*, Bd. 2a, § 281 Rdn. 105.

[270] *Medicus*, Bürgerliches Recht, Rdn. 205.

[271] *Dauner-Lieb/Dötsch*, Fälle zum neuen Schuldrecht, S. 21; *Schwarze*, JURA 2002, 73, 82; *Wilhelm*, JZ 2001, 861, 868.

[272] *Dauner-Lieb/Dötsch*, Fälle zum neuen Schuldrecht, S. 21; ähnlich *Schwarze*, JURA 2002, 73, 82.

[273] *Dauner-Lieb/Dötsch*, Fälle zum neuen Schuldrecht, S. 21.

[274] *Dauner-Lieb/Dötsch*, Fälle zum neuen Schuldrecht, S. 21; *Schwarze*, JURA 2002, 73, 82.

Dieser Ansicht kann bereits auf der Grundlage der bisherigen Untersuchungsergebnisse nicht pauschal gefolgt werden. Bei einer Teilunmöglichkeit, einer qualitativen Unmöglichkeit und bei Ungewissheit über die Ursache der Leistungsstörung greift § 326 Abs. 1 S. 1 BGB nämlich nicht ein; der Gläubiger muss vielmehr vom Vertrag zurücktreten, damit seine Gegenleistungspflicht erlischt.[275] In diesen Fällen ist § 326 Abs. 1 S. 1 BGB von vornherein kein taugliches Argument gegen eine Schadensberechnung nach der Surrogationstheorie.

Die strenge Differenztheorie könnte aber gelten, wenn der Gläubiger kraft Gesetzes frei wird. Im Ausgangspunkt richtig ist nämlich die dogmatische Einordnung des § 326 Abs. 1 S. 1 BGB als rechtsvernichtende Einwendung. Anders als bei den materiellrechtlichen Einreden[276] treten die Rechtsfolgen von rechtsvernichtenden Einwendungen ipso iure ein, sie sind also von Amts wegen zu berücksichtigen.[277] Die Rechtsfolge des § 326 Abs. 1 S. 1 BGB greift ebenfalls ein, ohne dass sie geltend gemacht werden muss.

Allerdings muss bedacht werden, dass Einwendungen Verteidigungsmittel sind[278], die als solche zugunsten, nicht aber zulasten des Berechtigten wirken. Eine begünstigende Funktion hat auch § 326 Abs. 1 S. 1 BGB. Der Gläubiger wird von seiner eigenen Leistungspflicht frei und kann insoweit nicht mehr in Anspruch genommen werden. Verwendete man die Vorschrift jedoch als Argument gegen eine Schadensberechnung nach der Surrogationstheorie, brächte sie Nachteile mit sich. Dann wäre es dem Gläubiger nämlich verwehrt, seine Gegenleistung zu erbringen, selbst wenn er wollte. Wegen der begünstigenden Funktion von Einwendungen als Verteidigungsmittel des Berechtigten wäre dieses Ergebnis zumindest zweifelhaft.

Nicht zu leugnen ist, dass es der Gläubiger nicht in der Hand hat zu bestimmen, ob die Rechtsfolge des § 326 Abs. 1 S. 1 BGB eingreift. In dieser Wirkungsweise unterscheidet sich die Norm von anderen rechtsvernichtenden Einwendungen. So greift z. B. die Rechtsfolge des § 389 BGB erst ein, wenn die Aufrechnung erklärt wird; bis dahin muss die geschuldete Leistung erbracht werden. Bei § 362 Abs. 1 BGB kann der Berechtigte ebenfalls entscheiden, ob und wann er frei wird; erst das Bewirken der geschuldeten Leistung führt zur Erfüllung. Dagegen ist der Gläubiger im Fall des § 326 Abs. 1 S. 1 BGB ipso iure befreit, ohne dass eine Handlung oder Erklärung erforderlich ist. Vor dem Hintergrund des schadensrechtlichen Bereicherungsverbots[279] erscheint es daher

---

275 Oben Kap. 3 B I 2 b.

276 Zu den Einreden im Sinne des Prozessrechts *Zeiss/Schreiber*, Zivilprozessrecht, Rdn. 385 ff.

277 Vgl. *Larenz/Wolf*, AT, § 18 Rdn. 47.

278 *Larenz/Wolf*, AT, § 18 Rdn. 47.

279 Dazu oben Kap. 3 C II 1.

plausibel, den Wert der nicht mehr geschuldeten Gegenleistung stets schadensmindernd zu berücksichtigen.

Andererseits schreibt § 326 Abs. 1 S. 1 BGB lediglich vor, dass der Gläubiger seine Leistung nicht mehr erbringen muss. Die Bestimmung regelt aber nicht, ob er sie noch erbringen darf.[280] Danach ist es nicht ausgeschlossen, dass der Gläubiger noch erfüllt, obwohl der entsprechende Anspruch des Schuldners erloschen ist. In diesem Fall wäre der Schadensersatzanspruch gemäß §§ 283 S. 1, 311a Abs. 2 S. 1 BGB nicht um den Wert der Gegenleistung zu kürzen. § 326 Abs. 1 S. 1 BGB zwingt auch nicht zu einer Schadensberechnung, die dem Schuldner die Abnahme der Gegenleistung erspart.[281] Insgesamt spricht die Vorschrift also zumindest nicht dagegen, dass der Gläubiger, entsprechend der Surrogationstheorie, selbst leistet und vollen Schadensersatz für die ausgebliebene Schuldnerleistung verlangt.

b) Interesse des Gläubigers an der Leistungserbringung

Für die Zulässigkeit einer Schadensberechnung nach der Surrogationstheorie kann ein schutzwürdiges Interesse des Gläubigers sprechen, nach dieser Berechnungsmethode vorzugehen. Ein solches Interesse kommt vor allem dann in Betracht, wenn er seine eigene Leistung anderweitig nicht oder nur mit finanziellen Verlusten absetzen kann.

*Fall 8*

P tauscht seinen gebrauchten PKW (Wert: 2.000,- €) gegen das Motorrad (Wert: 2.500,- €) des M. P hatte bisher erfolglos versucht, seinen PKW zu verkaufen. Noch bevor es zum Leistungsaustausch kommt, wird das Motorrad bei einem von M verschuldeten Unfall zerstört. P bietet M die Übereignung des PKW an und verlangt gemäß § 283 S. 1 BGB Schadensersatz statt der Leistung i. H. v. 2.500,- €. M vertritt die Ansicht, er müsse den PKW nicht abnehmen. Als Schadensersatz könne P allenfalls 500,- € verlangen.

Für die Befugnis, den Schadensersatz statt der Leistung nach der Surrogationstheorie zu berechnen, spricht, dass jede Partei eines gegenseitigen Vertrages darauf vertrauen kann, die eigene Leistung an den Vertragspartner abzusetzen. Beim Kaufvertrag besteht gemäß § 433 Abs. 2 BGB sogar eine Pflicht des

---

280 *Eckert*, Schuldrecht AT, Rdn. 340; *Füssenich*, JA 2004, 403, 404; *Huber/Faust*, Schuldrechtsmodernisierung, Kap. 3 Rdn. 206; *Hütte/Helbron*, Schuldrecht AT, Rdn. 692; *Looschelders*, Schuldrecht AT, Rdn. 672; *Schulze/Ebers*, JuS 2004, 366, 368; *Staudinger/Otto* (2004), § 283 Rdn. 70.

281 *Arnold*, ZGS 2003, 427, 431; *Dauner-Lieb*, AnwKomm-BGB, § 283 Rdn. 15.

Käufers zur Abnahme der Kaufsache. Diese Vorschrift gilt nach § 480 BGB auch für den Tauschvertrag. Das Interesse daran, selbst zu leisten, kann auch dann noch fortbestehen, wenn der Vertragspartner nicht mehr zu erfüllen braucht, sondern Schadensersatz zu zahlen hat. Müsste der ersatzberechtigte Gläubiger die eigene Leistung behalten, trüge er das Verwertungsrisiko. Das wäre insofern unangemessen, als nicht ihm, sondern dem Schuldner das Scheitern des Vertrages vorzuwerfen ist.[282] Weiter ist es nicht nachvollziehbar, warum sich der Gläubiger um eine neue Absatzmöglichkeit bemühen soll, obwohl er mit dem Schuldner bereits einen Abnehmer gefunden hat. Auf Seiten des Schuldners ist auch kein schutzwürdiges Interesse erkennbar, die Annahme der Gegenleistung abzulehnen. Sofern er darauf vertrauen kann, sie zu erhalten und auch behalten zu dürfen, erleidet er keinen Nachteil.[283] Gegen den Schadensersatzanspruch kann er die Einrede des nichterfüllten Vertrages gemäß § 320 Abs. 1 BGB geltend machen. Nach § 322 Abs. 1 BGB muss er dann nur Zug um Zug zahlen. Damit läuft der Schuldner nicht Gefahr, Schadensersatz zu leisten, ohne die Gegenleistung zu erhalten.[284] Eine Abwägung der beiderseitigen Interessen führt somit dazu, dass eine Schadensberechnung nach der Surroga-tionstheorie zulässig sein muss.

Allein dieses Ergebnis hält auch einer Folgenbetrachtung stand. Zwänge man den Gläubiger dazu, nach der Differenztheorie vorzugehen, ergäben sich untragbare Konsequenzen. Sie fallen besonders auf, wenn Leistung und Gegenleistung gleichwertig sind. In dieser Situation könnte der Sachleistungsschuldner die Sache zerstören, ohne sich nach § 283 S. 1 BGB schadensersatzpflichtig zu machen. Legt man nämlich die Differenztheorie zugrunde, gelangt man dazu, dass der Gläubiger keinen Schaden hat, weil eine Differenz nicht vorhanden ist. Der Schuldner könnte sich somit durch einen gezielten Vertragsbruch von seiner vertraglichen Leistungspflicht lösen.[285] Ein solches Resultat ist nicht hinnehmbar.

Im *Fall 8* ist P daher berechtigt, dem M die Übereignung des PKW anzubieten und Schadensersatz i. H. d. vollen Wertes des zerstörten Motorrads (2.500,- €) zu verlangen.

---

[282] *Füssenich*, JA 2004, 403, 404; *Homann*, JuS 2002, 554, 555; *Lorenz/Riehm*, Schuldrecht, Rdn. 210; *Staudinger/Otto* (2004), § 283 Rdn. 70; ebenso *Kaiser*, NJW 2001, 2425, 2426 zu § 326 BGB a. F.

[283] *Hütte/Helbron*, Schuldrecht AT, Rdn. 692; *Staudinger/Otto* (2004), § 281 Rdn. B 144.

[284] Vgl. *Staudinger/Otto* (2004), § 281 Rdn. B 144.

[285] Ähnlich zum alten Recht *Gebauer*, Naturalrestitution beim Schadensersatz wegen Nichterfüllung (2002), S. 94 f. Fn. 283; *Kaiser*, NJW 2001, 2425, 2427.

## D. Besonderheiten bei einer Vorleistung des Gläubigers

Nachfolgend werden die Besonderheiten dargestellt, die sich ergeben, wenn der Gläubiger seine eigene Leistung im Zeitpunkt des Schadensersatzverlangens bereits erbracht hat.

### *I. Kein Ausschluss der Differenztheorie*

Die überwiegende Ansicht zu §§ 325, 326 BGB a. F. hielt eine Schadensberechnung nach der Differenztheorie grundsätzlich für ausgeschlossen, sobald der Gläubiger in Vorleistung getreten war.[286] Andernfalls würde die Grenze zur Rückabwicklung des Vertrages überschritten, die der Gläubiger nur dann beanspruchen könne, wenn er vom Vertrag zurücktrete.[287] Seit der Schuldrechtsreform besteht eine andere Ausgangslage. Nach § 325 BGB wird das Recht, bei einem gegenseitigen Vertrag Schadensersatz zu verlangen, durch den Rücktritt nicht ausgeschlossen. Die Rückgewähr einer bereits erbrachten Gegenleistung ist gerade nicht mehr unvereinbar mit dem Schadensersatzanspruch.

Fraglich ist jedoch, nach welchen Vorschriften und unter welchen Voraussetzungen der Rückgewähranspruch entsteht.

### *II. Rückgewähr der Gegenleistung*

Als Anspruchsgrundlage für die Rückgewähr einer erbrachten Leistung kommt vor allem § 346 Abs. 1 BGB in Betracht. Daneben könnte ein Herausgabeanspruch aus § 985 BGB eingreifen. Ferner ist an einen bereicherungsrechtlichen Anspruch aus §§ 812 ff. BGB zu denken.

#### *1. Rückgewähranspruch aus § 346 Abs. 1 BGB*

Während das Erlöschen der beiderseitigen Leistungspflichten nicht unmittelbar aus dem Wortlaut des § 346 Abs. 1 BGB hervorgeht[288], wird die Rückgewähr einer erbrachten Leistung unproblematisch erfasst. Unterschiedliche Ansichten

---

[286] RGZ 144, 62, 65; RG JW 1913, 595, 596; JW 1931, 1183, 1184; SeuffArch 86 (1932) Nr. 43; BGHZ 20, 338, 343; 87, 156, 159; 126, 131, 136; *Huber*, Leistungsstörungen II, § 37 III 1, S. 203 ff.; *Palandt/Heinrichs* (2002), § 325 Rdn. 13; *Staudinger/Otto* (2001), § 325 Rdn. 47 ff.; krit. *Erman/Battes* (2000), § 325 Rdn. 8; *Soergel/Wiedemann*, Bd. 2 (1990), § 325 Rdn. 35 f.

[287] BGHZ 87, 156, 159; 126, 131, 136; *Larenz*, Schuldrecht I, § 22 II b, S. 341 f.

[288] Dazu oben Kap. 3 B I 2 a.

bestehen aber darüber, ob der Gläubiger den Rücktritt vom Vertrag erklären muss, damit der Rückgewähranspruch entsteht. Letztlich wird dabei über den Anwendungsbereich des § 325 BGB gestritten. Es geht um die Frage, ob der Gläubiger, der seine eigene Leistung erbracht hat, den Schadensersatzanspruch mit einem Rücktritt vom Vertrag kombinieren muss, um nach der Differenztheorie vorzugehen oder ob diese Berechnungsmethode auch ohne einen zusätzlichen Rücktritt anwendbar ist. Für §§ 283 S. 1, 311a Abs. 2 S. 1 BGB und § 281 Abs. 1 S. 1 Alt. 1 BGB werden insoweit unterschiedliche Argumente vorgebracht.

### a) §§ 283 S. 1, 311a Abs. 2 S. 1 BGB

Hat der Gläubiger in den Fällen der §§ 283 S. 1, 311a Abs. 2 S. 1 BGB vorgeleistet, soll er nach einer Auffassung[289] vom Vertrag zurücktreten müssen, um den Schaden nach der Differenztheorie berechnen zu können. Die Konstellation der erbrachten Gegenleistung sei die Einzige, in dem sich die Neuregelung des § 325 BGB auswirke.[290] Die überwiegende Auffassung zum alten Recht (eingeschränkte Differenztheorie) habe dem Gläubiger in dieser Situation zwar den Anspruch auf Schadensersatz wegen Nichterfüllung in voller Höhe zugestanden; sie habe ihm aber verwehrt, die Gegenleistung zurückzuverlangen und die Differenz aus dem Wert beider Leistungen geltend zu machen. Mit der Einführung des § 325 BGB sei ein solches Vorgehen möglich geworden.[291]

Unter Berücksichtigung der bisherigen Untersuchungsergebnisse ist diese Ansicht zweifelhaft. Gegen das pauschale Erfordernis eines zusätzlichen Rücktritts spricht der Umstand, dass die Gegenleistungspflicht in den Fällen der §§ 283 S. 1, 311a Abs. 2 S. 1 BGB regelmäßig gemäß § 326 Abs. 1 S. 1 BGB erlischt.[292] Dann steht dem Gläubiger der Rückgewähranspruch aber bereits kraft Gesetzes zu, und zwar nach § 326 Abs. 4 BGB. Darin wird nur auf die §§ 346 bis 348 BGB verwiesen und gerade nicht auf § 349 BGB, wo die Rücktrittserklärung verlangt wird. Außerdem handelt es sich bei § 326 Abs. 4 BGB um eine Rechtsfolgenverweisung. Rechtsfolgenverweisungen enthalten selbst alle Tatbestandsvoraussetzungen, während sich die Rechtsfolge ganz oder teilweise aus

289 *Eckert*, Schuldrecht AT, Rdn. 341 f.; *Fikentscher/Heinemann*, Schuldrecht, Rdn. 434; *Looschelders*, Schuldrecht AT, Rdn. 670; *Lorenz/Riehm*, Schuldrecht, Rdn. 212; MünchKomm/*Emmerich*, Bd. 2a, vor § 281 Rdn. 28 f.; *Staudinger/Otto* (2004), § 280 Rdn. E 71 f., § 325 Rdn. 27.

290 *Fikentscher/Heinemann*, Schuldrecht, Rdn. 434; MünchKomm/*Emmerich*, Bd. 2a, vor § 281 Rdn. 28 f.; *Staudinger/Otto* (2004), § 325 Rdn. 27.

291 *Fikentscher/Heinemann*, Schuldrecht, Rdn. 434; MünchKomm/*Emmerich*, Bd. 2a, vor § 281 Rdn. 25 f.; *Staudinger/Otto* (2004), § 280 Rdn. E 71.

292 Oben Kap. 3 B I 1.

der Vorschrift ergibt, auf welche verwiesen wird.[293] Die Voraussetzungen für das Rückforderungsrecht sind in § 326 Abs. 4 BGB geregelt. Danach muss der Gläubiger seine Gegenleistung erbracht haben, obwohl sie nicht geschuldet war. Allein daran wird die Rechtsfolge des § 346 Abs. 1 BGB, d. h. die Rückgewährverpflichtung, geknüpft. Ein Rücktritt wird durch § 326 Abs. 4 BGB nicht vorgeschrieben. Der Rückforderungsanspruch im Hinblick auf eine erbrachte Gegenleistung ist also ohne eine entsprechende Erklärung begründet.[294]

Etwas anderes ergibt sich aber, wenn § 326 Abs. 1 S. 1 BGB nicht eingreift. Bei einer Teilunmöglichkeit, einer qualitativen Unmöglichkeit sowie bei Ungewissheit über die Ursache der Leistungsstörung erlischt die Gegenleistungspflicht in den Fällen der §§ 283 S. 1, 311a Abs. 2 S. 1 BGB nicht kraft Gesetzes; vielmehr muss der Gläubiger nach §§ 326 Abs. 5, 323 BGB vom Vertrag zurücktreten, um frei zu werden.[295] Dann ist auch § 326 Abs. 4 BGB nicht einschlägig. In diesen Fällen ist deshalb eine Kombination von Rücktritt und Schadensersatz erforderlich, damit der Gläubiger eine Vorleistung zurückverlangen und den Schadensersatz statt der Leistung nach der Differenztheorie berechnen kann.

b) § 281 Abs. 1 S. 1 Alt. 1 BGB

Im Fall des § 281 Abs. 1 S. 1 Alt. 1 BGB bleibt der Gläubiger ohne einen Rücktritt vom Vertrag stets zu seiner Gegenleistung verpflichtet.[296] Ist er in Vorleistung getreten, müsste daher an sich ein Rücktritt erforderlich sein, damit der Rückgewähranspruch aus § 346 Abs. 1 BGB entsteht.

Jedoch soll nach einer in der Literatur vertretenen Ansicht[297] die Regelung des § 326 Abs. 4 BGB auf § 281 Abs. 1 S. 1 Alt. 1 BGB übertragen[298] bzw. entsprechend angewendet[299] werden. Damit sei eine Rücktrittserklärung ebenso wie in den Fällen der §§ 283 S. 1, 311a Abs. 2 S. 1 BGB entbehrlich.[300] Diese Ansicht ist bedenklich. Zweifelhaft ist schon, was unter einer Übertragung des § 326 Abs. 4 BGB dogmatisch verstanden werden soll. Direkt anwendbar ist die Norm auf den Fall des § 281 Abs. 1 S. 1 Alt. 1 BGB jedenfalls nicht. Denn die Bestimmung setzt voraus, dass der Gläubiger die „nach dieser Vorschrift" nicht

293 *Schmalz*, Methodenlehre, Rdn. 106.

294 Zutreffend *Arnold*, ZGS 2003, 427, 430.

295 Oben Kap. 3 B I 2 b.

296 Oben Kap. 3 B II 2.

297 *Arnold*, ZGS 2003, 427, 430; *Dauner-Lieb*, AnwKomm-BGB, § 281 Rdn. 62.

298 *Arnold*, ZGS 2003, 427, 430.

299 *Dauner-Lieb*, AnwKomm-BGB, § 281 Rdn. 62.

300 *Arnold*, ZGS 2003, 427, 430; *Dauner-Lieb*, AnwKomm-BGB, § 281 Rdn. 62.

geschuldete Gegenleistung bewirkt hat. Bei einer Leistungsverzögerung ist der Gläubiger aber weder gemäß § 326 Abs. 1 S. 1 BGB befreit noch ist die Gegenleistung nach §§ 326 Abs. 3 S. 2, 441 Abs. 3 BGB gemindert.

Anwendbar wäre § 326 Abs. 4 BGB auf den Fall des § 281 Abs. 1 S. 1 Alt. 1 BGB somit nur mittels Analogie. Dann müsste eine planwidrige Unvollständigkeit des Gesetzes vorliegen.[301] Eine Unvollständigkeit könnte man damit begründen, dass der Gesetzgeber für die Leistungsverzögerung keine dem § 326 Abs. 4 BGB entsprechende Regelung, also ein Rückforderungsrecht kraft Gesetzes, geschaffen hat. Fraglich ist aber, ob eine so verstandene Regelungslücke auch planwidrig wäre. Dagegen sprechen folgende Argumente: Bei einer Unmöglichkeit bzw. Unzumutbarkeit der Schuldnerleistung wird der Gläubiger regelmäßig gemäß § 326 Abs. 1 S. 1 BGB von seiner Gegenleistungspflicht frei, ohne dass er zurückzutreten braucht.[302] Hintergrund ist die Überlegung des Gesetzgebers, dass der Gläubiger in diesen Fällen keine Entscheidungsalternative hat, weil er die ausgebliebene Leistung ohnehin nicht erhalten kann.[303] Ist er selbst in Vorleistung getreten, hat er konsequenterweise gemäß § 326 Abs. 4 BGB i. V. m. § 346 Abs. 1 BGB einen Rückforderungsanspruch. Demgegenüber kann bei einer Leistungsverzögerung nicht ausgeschlossen werden, dass der Schuldner noch erfüllt. Deshalb ist auch eine Entscheidung des Gläubigers über das Schicksal seiner eigenen Leistung noch sinnvoll. Will er den Vertragsvollzug stoppen und damit seine Erfüllungspflicht beenden, kann er gemäß § 323 Abs. 1 Alt. 1 BGB zurücktreten.[304] Regelungstechnisch bestand somit keine Veranlassung, für den Fall der Leistungsverzögerung ein dem § 326 Abs. 4 BGB entsprechendes Rückforderungsrecht zu normieren. Der Anwendungsbereich dieser Bestimmung beschränkt sich systemgerecht auf die Unmöglichkeit i. S. v. § 326 Abs. 1 S. 1 BGB. Dass das Gesetz bei einer Leistungsverzögerung des Schuldners keinen Rückforderungsanspruch kraft Gesetzes vorsieht, ist also jedenfalls nicht planwidrig. Folglich scheidet auch eine analoge Anwendung des § 326 Abs. 4 BGB aus.

Im Fall des § 281 Abs. 1 S. 1 Alt. 1 BGB kann eine Vorleistung somit nur gemäß §§ 346 Abs. 1, 323 Abs. 1 Alt. 1 BGB zurückgefordert werden. Um diesen Rückgewähranspruch geltend zu machen, muss der Gläubiger gemäß § 349 BGB den Rücktritt vom Vertrag erklären.

---

301 Allg. zu den Voraussetzungen der Analogie *Schmalz*, Methodenlehre, Rdn. 383 ff.

302 Oben Kap. 3 B I 1.

303 Oben Kap. 3 B I 1 a bb (b).

304 Oben Kap. 3 B II 1.

*2. Herausgabeanspruch aus § 985 BGB*

a) § 985 BGB neben §§ 325, 326 BGB a. F.

Nach der zu §§ 325, 326 BGB a. F. vertretenen eingeschränkten Differenztheorie sollte die schuldrechtliche Rückgewähr einer erbrachten Gegenleistung neben dem Schadensersatz wegen Nichterfüllung ausgeschlossen sein. Ein Herausgabeanspruch aus § 985 BGB wurde aber zugelassen.[305] Das betraf Fälle, in denen der ersatzberechtigte Gläubiger seinerseits die Übereignung einer Sache schuldete und der Übereignungstatbestand noch nicht erfüllt war. In dieser Konstellation sollte er die Vorleistung gemäß § 985 BGB herausverlangen und daneben Schadensersatz wegen Nichterfüllung geltend machen können. Die Vindikation erlaube es, die Vorleistung sachenrechtlich rückgängig zu machen, so dass es nicht zu einem unzulässigen Nebeneinander von schuldrechtlicher Rückgewähr und Schadensersatz komme.[306]

Praktisch relevant wurde der Anspruch aus § 985 BGB neben §§ 325, 326 BGB a. F. bei Eigentumsvorbehaltsverkäufen[307] und bei nicht vollzogenen Grundstückskaufverträgen.[308]

*Fall 9*[309]

Durch notariellen Vertrag vom 17.08.1979 verkaufte K dem B ein Grundstück. Der Kaufpreis betrug 510.000,- DM. In Anrechnung auf ihn sollte B Grundschulden in der Gesamthöhe von 300.000,- DM nebst Zinsen übernehmen. Der Restkaufpreis war fällig in jährlich gleich bleibenden Teilbeträgen auf die Dauer von 15 Jahren. Das Grundstück wurde dem B vereinbarungsgemäß am 01.10.1979 übergeben. In der Folgezeit zahlte B jedoch weder die Kaufpreisraten noch die Zinsen. Unter dem 06.02.1980 setzte K dem B eine letzte Zahlungsfrist und drohte die Ablehnung der Leistungsannahme an. Nach fruchtlo-

---

305 RGZ 141, 259, 261; RG SeuffArch 86 (1932) Nr. 43; BGHZ 54, 214, 216; 87, 156, 159; 126, 131, 136; BGH WM 1983, 418 f.; *Huber*, Leistungsstörungen II, § 37 III 1, S. 203 f.; *Kaiser*, Rückabwicklung (2000), S. 158 ff.; *Palandt/Heinrichs* (2002), § 325 Rdn. 13; *Staudinger/Otto* (2001), § 325 Rdn. 47; krit. *Niederländer*, in: FS Wahl (1973), S. 243, 248 ff.

306 Vgl. *Huber*, Leistungsstörungen II, § 37 II 2, S. 204; *Kaiser*, Rückabwicklung (2000), S. 160.

307 Vgl. BGHZ 54, 214, 216; *Huber*, Leistungsstörungen II, § 37 III 2, S. 204 f.; *ders.*, ZIP 1987, 750, 752.

308 Vgl. RGZ 141, 259, 260 f.; RG SeuffArch 86 (1932) Nr. 43; BGHZ 87, 156, 159; 126, 131, 136; BGH WM 1983, 418; *Huber*, Leistungsstörungen II, § 37 III 2, S. 205.

309 Nach BGH WM 1983, 418.

sem Fristablauf erhob K Klage auf Herausgabe des Grundstücks. Zugleich machte er Schadensersatz wegen Nichterfüllung geltend.

Dass die Voraussetzungen des § 985 BGB in solchen Fällen gegeben waren, liegt auf der Hand: Solange der Verkäufer das Grundstück nur übergeben, aber noch nicht aufgelassen hatte, war er noch Eigentümer und der Käufer Besitzer. Klärungsbedürftig war nur die Frage, ob der Besitz des Käufers unrechtmäßig i. S. v. § 986 Abs. 1 BGB war. Nach der Rechtsprechung[310] bestand kein Recht zum Besitz. Es sollte insbesondere nicht aus dem Grundstückskaufvertrag hergeleitet werden können. Denn die Auflassungspflicht des Verkäufers gehe im selben Zeitpunkt unter wie die Pflicht des Käufers zur Kaufpreiszahlung, nämlich mit fruchtlosem Ablauf der Nachfrist gemäß § 326 Abs. 1 S. 2 Hs. 2 BGB a. F.[311]

Im *Fall 9* hielt der BGH den Verkäufer daher für berechtigt, das Grundstück gemäß § 985 BGB herauszuverlangen und zugleich Schadensersatz wegen Nichterfüllung nach § 326 Abs. 1. S. 2 Alt. 1 BGB a. F. geltend zu machen. Der Schadensersatzanspruch mindere sich um den Wert des herauszugebenden Grundstücks.[312] Das entsprach einer Abrechnung nach der Differenztheorie.

b) § 985 BGB neben dem Schadensersatz statt der Leistung

Ob der Herausgabeanspruch aus § 985 BGB neben dem Schadensersatz statt der Leistung zum Zuge kommen kann, ist unter Berücksichtigung der bisherigen Untersuchungsergebnisse zweifelhaft.

aa) § 281 Abs. 1 S. 1 Alt. 1 BGB

Blickt man zunächst auf § 281 Abs. 1 S. 1 Alt. 1 BGB, so ist problematisch, ob der Schuldner eine als Gegenleistung empfangene Sache unrechtmäßig i. S. v. § 986 Abs. 1 BGB besitzt. Allgemein kann sich ein Besitzrecht aus einem obligatorischen Rechtsverhältnis zum Eigentümer ergeben.[313] So folgt das Besitzrecht des Käufers aus seinem Eigentums- und Besitzverschaffungsanspruch ge-

---

[310] RGZ 141, 259, 261; BGHZ 87, 156, 159; 126, 131, 136; ebenso *Huber*, Leistungsstörungen II, § 37 III 2, S. 204.

[311] RGZ 141, 259, 261; BGHZ 87, 156, 159; 126, 131, 136; *Huber*, Leistungsstörungen II, § 37 III 2, S. 204.

[312] BGH WM 1983, 418 f.

[313] *Palandt/Bassenge* (2007), § 986 Rdn. 4; *Schreiber*, Sachenrecht, Rdn. 207.

mäß § 433 Abs. 1 S. 1 BGB. Es besteht auch dann noch fort, wenn ihm die Kaufsache übergeben wird.[314]

Nach der neueren Rechtsprechung des BGH zu § 326 BGB a. F.[315] sollte der Verkäufer mit fruchtlosem Ablauf der Nachfrist von seiner Auflassungspflicht frei werden. Weil er in diesem Zeitpunkt gemäß § 326 Abs. 1 S. 2 Hs. 2 BGB a. F. den Kaufpreiszahlungsanspruch verliere, gehe auch der Erfüllungsanspruch des Käufers und damit dessen Besitzrecht unter.[316] Überträgt man diese Ansicht auf § 281 BGB, müsste wegen § 281 Abs. 4 BGB an das Schadensersatzverlangen des Verkäufers angeknüpft werden; erst damit und nicht schon mit dem Fristablauf erlischt der Erfüllungsanspruch gegen den Schuldner. Jedoch kann die neuere Rechtsprechung zu § 326 BGB a. F. auch mit dieser Argumentation nicht aufrechterhalten werden. Ihr liegt die unzutreffende Annahme zugrunde, dass mit dem Wegfall der Erfüllungspflicht des Schuldners zwangsläufig auch die Gegenleistungspflicht des Gläubigers erlischt. Ist der Wegfall der Gegenleistungspflicht aber nicht gesetzlich angeordnet, wie es in § 326 Abs. 1 S. 1 BGB geschieht, bleibt sie nach den Ergebnissen dieser Untersuchung bestehen.[317] Insbesondere kann nicht unterstellt werden, dass der Gläubiger allein aufgrund des Synallagma frei wird, wenn der Schuldner gemäß § 281 Abs. 4 BGB nicht mehr zu erfüllen braucht. Welche Rechtsfolgen eine Leistungsstörung für die Gegenleistungspflicht hat, ist vielmehr dem Gesetz zu entnehmen.[318] Für den Fall der Leistungsverzögerung existiert keine dem § 326 Abs. 1 S. 1 BGB entsprechende Vorschrift. Verlangt der Gläubiger gemäß § 281 Abs. 1 S. 1 Alt. 1 BGB Schadensersatz, bleibt er daher zu seiner eigenen Leistung verpflichtet. Deshalb besteht nach wie vor ein Recht des Schuldners zum Besitz der übergebenen Sache. Ein Herausgabeanspruch aus § 985 BGB neben § 281 BGB scheitert somit jedenfalls an § 986 Abs. 1 BGB.

#### bb) §§ 283 S. 1, 311a Abs. 2 S. 1 BGB

Ob ein Herausgabeanspruch aus § 985 BGB neben den Schadensersatzansprüchen aus §§ 283 S. 1, 311a Abs. 2 S. 1 BGB Bestand haben kann, ist ebenfalls problematisch. Entscheidend ist abermals, ob der Schuldner ein Recht zum Besitz der als Gegenleistung empfangenen Sache hat. Wegen des differenzierten Schicksals der Gegenleistungspflicht bei den §§ 283 S. 1, 311a Abs. 2 S. 1 BGB ist insoweit zu unterscheiden.

---

[314] *Palandt/Bassenge* (2007), § 986 Rdn. 4.

[315] BGH NJW 1994, 3351; DB 1995, 2007, 2008; NJW 1999, 3115, 3117.

[316] Soeben Kap. 3 D II 2 a.

[317] Oben Kap. 3 B II 2.

[318] Oben Kap. 3 B II 2 b.

Ist § 326 Abs. 1 S. 1 BGB nicht einschlägig, besteht die Gegenleistungspflicht wie im Fall des § 281 Abs. 1 S. 1 Alt. 1 BGB fort und muss der Gläubiger zurücktreten, damit er frei wird.[319] Dann besitzt der Schuldner eine übergebene Sache nicht unrechtmäßig, so dass ein Herausgabeanspruch aus § 985 BGB wegen § 986 Abs. 1 BGB nicht begründet ist.

Regelmäßig wird der Gläubiger jedoch gemäß § 326 Abs. 1 S. 1 BGB frei.[320] Damit entfällt an sich auch das Recht des Schuldners zum Besitz einer als Gegenleistung empfangenen Sache. Dennoch stößt eine Kombination des Anspruchs aus § 985 BGB mit den Ansprüchen aus §§ 283 S. 1, 311a Abs. 2 S. 1 BGB auf Bedenken. Zum alten Recht handelte es sich um eine Ausnahme von dem Grundsatz, dass eine erbrachte Gegenleistung nicht zurückverlangt und zugleich Schadensersatz gemäß §§ 325, 326 BGB a. F. geltend gemacht werden konnte. War jedoch § 985 BGB einschlägig, kam es nicht zu einem unzulässigen Nebeneinander von Rücktritt und Schadensersatz. Dem ersatzberechtigten Gläubiger wurde damit ausnahmsweise die Möglichkeit gegeben, seine Vorleistung zurückzuverlangen und Schadensersatz nach der Differenztheorie geltend zu machen. Heute ist es wegen § 325 BGB zulässig, den Anspruch auf Schadensersatz statt der Leistung mit einem Rücktritt vom Vertrag zu verbinden.[321] Um nach der Differenztheorie abzurechnen, kommt es also auf eine Vindikationslage nicht mehr an. Gemäß § 326 Abs. 4 BGB i. V. m. § 346 Abs. 1 BGB besteht der Rückgewähranspruch sogar kraft Gesetzes.[322] Ein sachenrechtlicher Herausgabeanspruch aus § 985 BGB neben den §§ 283 S. 1, 311a Abs. 2 S. 1 BGB ist daher zumindest entbehrlich geworden.

### *3. Herausgabeanspruch aus §§ 812 ff. BGB*

Denkbar ist schließlich eine Kombination des Schadensersatzes statt der Leistung mit einem bereicherungsrechtlichen Herausgabeanspruch aus §§ 812 ff. BGB.

Neben den §§ 325, 326 BGB a. F. wurde die Kondiktion einer erbrachten Gegenleistung überwiegend für unzulässig gehalten.[323] Zumindest vom Standpunkt der Differenztheorie war das nicht konsequent. Immerhin sollte ihr zufolge der

---

[319] Fallgruppen oben Kap. 3 B I 2 b.

[320] Oben Kap. 3 B I 1.

[321] Oben Kap. 3 B I 2 c.

[322] Oben Kap. 3 D II 1 a.

[323] *van den Daele*, Probleme des gegenseitigen Vertrages (1968), S. 97; *Huber*, Leistungsstörungen II, § 37 III 6, S. 212; *Kaiser*, Rückabwicklung (2000), S. 172 f.; *Kisch*, JherJb 44 (1902), S. 68, 120; *Larenz*, Schuldrecht I, § 22 II b, S. 341 f.; *v. Mayr*, in: 27. DJT (1904), S. 167, 190.

ersatzberechtigte Gläubiger von seiner Gegenleistungspflicht befreit sein.[324] Bei dieser Annahme musste eine Vorleistung aber rechtsgrundlos werden, so dass an sich § 812 Abs. 1 S. 2 Alt. 1 BGB hätte angewendet werden müssen.[325] Diesen Weg gingen allerdings nur wenige Vertreter der Differenztheorie.[326] Für die Möglichkeit zur Kondiktion der Gegenleistung sollte insbesondere § 323 Abs. 3 BGB a. F. sprechen, worin eine bereicherungsrechtliche Rückabwicklung der Gegenleistung ausdrücklich vorgeschrieben war. Zwar betreffe der Wortlaut dieser Bestimmung nur die beiderseits nicht zu vertretende Unmöglichkeit; für die Fälle der §§ 325, 326 BGB a. F. könne § 323 Abs. 3 BGB a. F. aber analog angewendet werden.[327] Dem wurde entgegengehalten, dass die Kondiktion der Gegenleistung nach §§ 812 ff. BGB nichts anderes sei als ein verkappter Rücktritt.[328] Eine schuldrechtliche Rückabwicklung sei jedoch mit dem Schadensersatz wegen Nichterfüllung unvereinbar. Deshalb müsse auch eine Kombination des Schadensersatzanspruchs mit einem Herausgabeanspruch aus §§ 812 ff. BGB ausscheiden.[329]

Nach neuem Recht schließen sich Rücktritt und Schadensersatz nicht mehr gegenseitig aus. Selbst wenn man davon ausginge, dass die Kondiktion der Gegenleistung mit den Rücktrittswirkungen vergleichbar sei, wäre dies kein Hindernis für die Anwendung der §§ 812 ff. BGB. Fraglich ist allerdings, ob die Voraussetzungen für einen Bereicherungsanspruch gegeben sind. Problematisch ist insbesondere, ob der rechtliche Grund für eine erbrachte (Gegen-) Leistung fehlt. Im Fall des § 281 Abs. 1 S. 1 Alt. 1 BGB wird der Gläubiger nicht kraft Gesetzes, sondern nur unter der Voraussetzung frei, dass er vom Vertrag zurücktritt.[330] Das Gleiche gilt in den Fällen der §§ 283 S. 1, 311a Abs. 2 S. 1 BGB, wenn § 326 Abs. 1 S. 1 BGB nicht einschlägig ist.[331] Bei fortbestehender Gegenleistungspflicht muss ein Herausgabeanspruch aus §§ 812 ff. BGB aber ausscheiden, weil ein rechtlicher Grund für die Vermögensverschiebung vorhanden ist.

Ein anderes Ergebnis liegt nahe, wenn § 326 Abs. 1 S. 1 BGB eingreift oder der Gläubiger vom Vertrag zurücktritt. Bei einem gesetzlichen oder rücktrittsbedingten Wegfall der Gegenleistungspflicht ist ein Rechtsgrund nicht (mehr) vor-

---

324 Vgl. oben Kap. 2 A III.

325 Vgl. bereits *Arnold*, ZGS 2003, 427, 430.

326 *Kohler*, Die gestörte Rückabwicklung gescheiterter Austauschverträge (1989), S. 67; *Schöller*, in: Gruchot 44 (1900), S. 603, 632; *Weitnauer*, in: FS Heidelberg (1967), S. 71, 96 f.

327 *Kohler*, Die gestörte Rückabwicklung gescheiterter Austauschverträge (1989), S. 67.

328 *Huber*, Leistungsstörungen II, § 37 III 6, S. 212; *Larenz*, Schuldrecht I, § 22 II b, S. 342.

329 *Huber*, Leistungsstörungen II, § 37 III 6, S. 212; *Larenz*, Schuldrecht I, § 22 II b, S. 342.

330 Oben Kap. 3 B II.

331 Oben Kap. 3 B I 2 b.

handen, so dass § 812 Abs. 1 S. 1 Alt. 1 BGB bzw. § 812 Abs. 1 S. 2 Alt. 1 BGB einschlägig sein müsste. Zu bedenken ist allerdings, dass der Gläubiger nach einem Rücktritt eine erbrachte Leistung bereits nach § 346 Abs. 1 BGB zurückverlangen kann. Erlischt die Gegenleistungspflicht gemäß § 326 Abs. 1 S. 1 BGB, kommt § 346 Abs. 1 BGB gemäß § 326 Abs. 4 BGB zum Zuge. Ob daneben die §§ 812 ff. BGB anwendbar sind, muss bezweifelt werden. Dagegen spricht, dass die Ansprüche zur Rückabwicklung gegenseitiger Verträge bereits in den §§ 320 ff. BGB geregelt sind. Über § 323 Abs. 1 BGB und § 326 Abs. 4 BGB sind aber nur die §§ 346 ff. BGB anwendbar. Eine Rückabwicklung nach §§ 812 ff. BGB ist in den §§ 320 ff. BGB nicht vorgesehen. Anders als im alten Recht, wo § 323 Abs. 3 BGB a. F. zumindest eine Verweisung auf das Bereicherungsrecht enthielt, fehlt damit jeder normative Ansatz für die Kondiktion einer erbrachten Gegenleistung. Von den Gesetzesverfassern war das auch beabsichtigt. Mit der Streichung des § 323 Abs. 3 BGB a. F. sollte eine einheitliche Rückabwicklung fehlgeschlagener Verträge nach Rücktrittsregeln herbeigeführt werden. In der Gesetzesbegründung heißt es dazu:

> *„Ist die Gegenleistung bewirkt, obwohl der Gläubiger von der Gegenleistung frei geworden ist, so muss diese erstattet werden. Hierfür soll - anders als nach dem bisherigen § 323 Abs. 3 - nicht das Bereicherungsrecht, sondern das Rücktrittsrecht maßgeblich sein, das generell besser auf die Rückabwicklung fehlgeschlagener Verträge zugeschnitten ist.“*[332]

Dass das Rücktrittsrecht der Interessenlage bei der Rückabwicklung gescheiterter Verträge besser Rechnung trägt als das Bereicherungsrecht, zeigt sich insbesondere dann, wenn der Schuldner die empfangene (Gegen-) Leistung nicht herausgeben kann, weil sie zerstört wurde. Gemäß § 818 Abs. 3 BGB könnte er sich in dieser Situation auf einen Wegfall der Bereicherung berufen. Hingegen müsste der Gläubiger eine vom Schuldner empfangene Leistung zurückgewähren, ohne den Einwand aus § 818 Abs. 3 BGB geltend machen zu können. Eine derartige Ungleichbehandlung ist nicht überzeugend, zumal die Ursache für das Scheitern des Vertrages beim Schuldner liegt. Wird der Vertrag einheitlich nach den §§ 346 ff. BGB rückabgewickelt, ergibt sich keine Ungleichbehandlung. Gemäß § 346 Abs. 2 BGB ist vielmehr jeder Rückgewährschuldner zum Wertersatz verpflichtet, falls er das Erlangte nicht herausgeben kann. Diese Besonderheiten bei der Rückabwicklung fehlgeschlagener Verträge sprechen dafür, die §§ 812 ff. BGB zugunsten der §§ 346 ff. BGB zurückzudrängen. Ein bereicherungsrechtlicher Anspruch auf Herausgabe einer erbrachten Gegenleistung neben dem Schadensersatz statt der Leistung kommt damit insgesamt nicht in Betracht.

---

[332] BT-Drs. 14/6040, S. 189.

## E. Ergebnis zur kritischen Analyse

Der Inhaber eines Anspruchs auf Schadensersatz statt der Leistung kann wählen, ob er den Schaden nach der Differenz- oder nach der Surrogationstheorie berechnet. Die Voraussetzungen, unter denen die jeweilige Methode zur Anwendung kommt, hängen davon ab, welche Anspruchsgrundlage einschlägig ist.

In den Fällen der §§ 283 S. 1, 311a Abs. 2 S. 1 BGB erlischt die Gegenleistungspflicht regelmäßig gemäß § 326 Abs. 1 S. 1 BGB.[333] Dann ist die Differenztheorie kraft Gesetzes anwendbar.[334] Andererseits ist auch eine Abrechnung nach der Surrogationstheorie möglich.[335] Sie wird durch § 326 Abs. 1 S. 1 BGB nicht ausgeschlossen. Aus dieser Bestimmung ergibt sich nur, dass der Gläubiger seine Gegenleistung nicht mehr erbringen muss; dort ist aber nicht geregelt, ob er noch leisten darf.[336] Greift § 326 Abs. 1 S. 1 BGB nicht ein, muss der Gläubiger gemäß §§ 326 Abs. 5, 323 BGB vom Vertrag zurücktreten, damit er frei wird.[337] Dann ist die Differenztheorie anwendbar, wenn er den Schadensersatzanspruch mit einem Rücktritt vom Vertrag kombiniert.[338] Macht er von dem Rücktrittsrecht keinen Gebrauch, kommt die Surrogationstheorie zum Zuge.[339]

Im Fall des § 281 Abs. 1 S. 1 Alt. 1 BGB wird der Gläubiger nicht kraft Gesetzes, sondern nur dann frei, wenn er gemäß § 323 Abs. 1 Alt. 1 BGB vom Vertrag zurücktritt.[340] Deshalb ist die Differenztheorie nur bei einer Kombination von Rücktritt und Schadensersatz anwendbar.[341] Bei isolierter Schadensberechnung kommt hingegen die Surrogationstheorie zum Zuge.[342] Diese Berechnungsmethode wird nicht dadurch ausgeschlossen, dass der Gläubiger den Vertrag erfüllen und daneben Ersatz des Verzögerungsschadens verlangen könnte.[343] Die Surrogationstheorie ist ebenfalls anwendbar, wenn die ausgebliebene Schuldnerleistung in Geld bestand.[344]

---

333 Kap. 3 B I 1.
334 Kap. 3 C II 2.
335 Kap. 3 C III 2.
336 Kap. 3 C III 2 a.
337 Kap. 3 B I 2 b.
338 Kap. 3 C II 1.
339 Kap. 3 C III 2.
340 Kap. 3 B II.
341 Kap. 3 C II 1.
342 Kap. 3 C III 1.
343 Kap. 3 C III 1 a.
344 Kap. 3 C III 1 b.

Hat der Gläubiger seine Gegenleistung bereits erbracht, ist eine Schadensberechnung nach der Differenztheorie anders als nach altem Recht nicht mehr ausgeschlossen.[345] Die Vorleistung kann zurückverlangt werden und daneben besteht ein Schadensersatzanspruch i. H. d. Differenz aus dem Wert beider Leistungen.

In den Fällen der §§ 283 S. 1, 311a Abs. 2 S. 1 BGB besteht der Rückgewähranspruch regelmäßig kraft Gesetzes, und zwar gemäß § 326 Abs. 4 BGB i. V. m. § 346 Abs. 1 BGB; nur im Anwendungsbereich der §§ 326 Abs. 5, 323 BGB ist ein zusätzlicher Rücktritt vom Vertrag erforderlich.[346] Geht es um einen Anspruch aus § 281 Abs. 1 S. 1 Alt. 1 BGB, muss der Gläubiger dagegen stets vom Vertrag zurücktreten, um das Erbrachte nach § 346 Abs. 1 BGB zurückverlangen und nach der Differenztheorie vorgehen zu können.[347]

Bestand die Gegenleistungspflicht des Gläubigers in der Übereignung einer Sache und ist der Übereignungstatbestand noch nicht erfüllt, kann auch ein Herausgabeanspruch gemäß § 985 BGB in Betracht kommen. Neben § 281 BGB greift er indes nicht ein, weil die Erfüllungspflicht des Gläubigers bestehen bleibt und der Schuldner die erhaltene Sache daher nicht unrechtmäßig besitzt.[348] In den Fällen der §§ 283 S. 1, 311a Abs. 2 S. 1 BGB ist ein Anspruch aus § 985 BGB zumindest entbehrlich, weil eine erbrachte Gegenleistung bereits nach § 346 Abs. 1 BGB zurückzugewähren ist.[349]

Ausgeschlossen ist jedenfalls ein bereicherungsrechtlicher Herausgabeanspruch aus §§ 812 ff. BGB. Denn die Rückabwicklung fehlgeschlagener Verträge wird von den §§ 320 ff. BGB abschließend geregelt.[350]

---

345 Kap. 3 D I.

346 Kap. 3 D II 1 a.

347 Kap. 3 D II 1 b.

348 Kap. 3 D II 2 b aa.

349 Kap. 3 D II 2 b bb.

350 Kap. 3 D II 3.

# KAPITEL 4. PRAKTISCHE KONSEQUENZEN

Die bisherige Untersuchung hat ergeben, dass der Schadensersatz statt der Leistung bei gegenseitigen Verträgen wahlweise nach der Differenz- oder nach der Surrogationstheorie geltend gemacht werden kann. Von praktischer Bedeutung ist die Frage, ob die einmal getroffene Wahl verbindlich ist.

Das Problem wird relevant, wenn sich der Gläubiger für eine Berechnungsmethode entschieden hat und im Nachhinein feststellt, dass die andere wirtschaftlich günstiger gewesen wäre.

*Beispiel*

Durch notariellen Vertrag verkauft V dem K ein Grundstück (Wert: 50.000,- €) für 55.000,- €. Trotz Fälligkeit und Fristsetzung zahlt K den Kaufpreis nicht. Nach fruchtlosem Fristablauf macht V gemäß § 281 Abs. 1 S. 1 Alt. 1 BGB Schadensersatz statt der Leistung geltend.

a) V verlangt zunächst 5.000,- € und teilt dem K mit, dass er das Grundstück behalten werde. Kurz darauf benötigt V einen größeren Geldbetrag. Weil er das Grundstück anderweitig nicht absetzen kann, bietet er K die Übereignung an und begehrt nunmehr Schadensersatz i. H. v. 55.000,- €.

b) V fordert zunächst Schadensersatz i. H. v. 55.000,- € und bietet K die Übereignung des Grundstücks an. Kurz darauf meldet sich der Interessent I bei V, der bereit ist, 60.000,- € für das Grundstück zu bezahlen. V will sich dieses Geschäft nicht entgehen lassen. Daher teilt er dem K mit, dass er nur noch 5.000,- € geltend mache. Das Grundstück will V zunächst behalten, um es später an I zu veräußern.

Eine etwaige Bindung an die getroffene Wahl hätte Konsequenzen für die Geltendmachung des Schadensersatzes statt der Leistung. So könnten voreilige Erklärungen dazu führen, dass der Gläubiger nur noch nach der gewählten Berechnungsmethode vorgehen kann, obwohl evtl. eine Entscheidung ohne Bindungswirkung möglich gewesen wäre.

Nachfolgend soll zunächst untersucht werden, unter welchen Voraussetzungen die Entscheidung für die Differenz- bzw. die Surrogationstheorie verbindlich wird.[351] Anschließend wird der Frage nachgegangen, welche Folgen sich daraus für das Erklärungsverhalten des Gläubigers ergeben.[352]

---

[351] Kap. 4 A.

[352] Kap. 4 B.

## A. Bindungswirkung der Gläubigerentscheidung

### *I. Wechsel von der Surrogations- zur Differenztheorie*

Entscheidet sich der Gläubiger zunächst für eine Schadensberechnung nach der Surrogationstheorie, sind grundsätzlich zwei Möglichkeiten denkbar, wie er zu einer Abrechnung nach der Differenztheorie wechseln kann: Ein nachträglicher Rücktritt vom Vertrag und eine Änderung der isolierten Schadensberechnung.

#### *1. Nachträglicher Rücktritt*

Erklärt der Gläubiger nachträglich und berechtigt den Rücktritt vom Vertrag, so erlischt seine Gegenleistungspflicht gemäß § 346 Abs. 1 BGB. Der Wert der rücktrittsbedingt ersparten Gegenleistung muss bei der Schadensberechnung als Minderungsposten berücksichtigt werden.[353] Damit käme die Differenztheorie zum Zuge.

Fraglich ist jedoch, ob das Schadensersatzverlangen eine Bindungswirkung erzeugt, die einem nachträglichen Rücktritt entgegensteht. Das wurde bereits zu §§ 325, 326 BGB a. F. kontrovers diskutiert - dort allerdings vor dem Hintergrund, dass sich Rücktritt und Schadensersatz gegenseitig ausschlossen. Entschied sich der Gläubiger für den Schadensersatz wegen Nichterfüllung, stellte sich die Frage, ob er dieses Begehren aufgeben und stattdessen vom Vertrag zurücktreten konnte.[354] Nach neuem Recht sind Rücktritt und Schadensersatz gemäß § 325 BGB miteinander kombinierbar.[355] Dadurch hat sich das Problem aber nicht erledigt, sondern nur verschoben. Es wird nunmehr für den Umfang des Ersatzanspruchs relevant. Bei den §§ 281 Abs. 1 S. 1 Alt. 1, 283 S. 1, 311a Abs. 2 S. 1 BGB muss geklärt werden, ob der Gläubiger, der zunächst Schadensersatz statt der Leistung nach der Surrogationstheorie verlangt hat, mit einem Rücktritt zu einer Abrechnung nach der Differenztheorie wechseln kann. Hierfür ist ebenfalls entscheidend, ob das Schadensersatzbegehren eine Bindungswirkung erzeugt. Mit dieser Modifikation ist das Problem auch zum neuen Recht umstritten.[356]

---

[353] Oben Kap. 3 C II 1.

[354] Sogleich Kap. 4 A I 1 a.

[355] Oben Kap. 3 B I 2 c.

[356] Kap. 4 A I 1 b.

a) Meinungsstand zum alten Recht

Die Rechtsprechung[357] und die überwiegende Literatur[358] zu §§ 325, 326 BGB a. F. hielten das Verlangen des Schadensersatzes wegen Nichterfüllung grundsätzlich für unverbindlich. Ein nachträglicher Rücktritt sollte möglich sein.

*Fall 10*[359]
Durch notariellen Vertrag tauschte V sein Grundstück G 1 gegen das Grundstück G 2, welches der K gekauft, aber noch nicht aufgelassen erhalten hatte. Nachdem K als Eigentümer des Grundstücks G 1 ins Grundbuch eingetragen worden war, wurde er von V unter Fristsetzung mit Ablehnungsandrohung aufgefordert, das Grundstück G 2 aufzulassen. Nach fruchtlosem Ablauf der Frist machte V zunächst vorprozessual Schadensersatz wegen Nichterfüllung gemäß § 326 BGB a. F. geltend. Als K nicht zahlte, erhob V Klage, die er jedoch vor der mündlichen Verhandlung wieder zurücknahm. Sodann erklärte V den Rücktritt vom Vertrag. Mit einer weiteren Klage begehrte V die Rückauflassung des Grundstücks G 1. K meinte, V habe sein Rücktrittsrecht verloren, weil er bereits Schadensersatz verlangt habe.

Das Reichsgericht schloss sich der Argumentation des Beklagten nicht an und hielt den Kläger für berechtigt, von seinem Schadensersatzbegehren zum Rücktritt vom Vertrag zu wechseln. Aus dem Gesetz ergebe sich nicht, dass das Rücktrittsrecht ausgeschlossen sei, wenn Schadensersatz wegen Nichterfüllung verlangt oder im Wege der Klage geltend gemacht werde.[360] Bei dem Schadensersatzbegehren handele es sich insbesondere nicht um eine nach § 130 Abs. 1 BGB unwiderrufliche Willenserklärung. Anders als nach einem Rücktritt werde

---

[357] RGZ 85, 280, 282 f.; 107, 345, 348; 109, 184, 186; RG WarnR 1917 Nr. 13; SeuffArch 82 (1928) Nr. 82; BGHZ 16, 388, 393; BGH NJW 1979, 762; OLG Düsseldorf NJW 1972, 1051; KG BB 1984, 811.

[358] *Bülow*, JZ 1979, 430, 431 f.; *Enneccerus/Lehmann*, Schuldrecht, § 53 III 2, S. 229; *Erman/Battes* (2000), § 325 Rdn. 25; *Huber*, Leistungsstörungen II, § 37 V 1, S. 217; *Kipp*, in: FS Koch (1903), S. 110, 125 f.; *Larenz*, Schuldrecht I, § 22 II a, S. 337; *Leser*, Rücktritt (1975), S. 253 f.; *Lindacher*, JZ 1980, 48, 52; MünchKomm/*Emmerich*, Bd. 2 (2001), § 325 Rdn. 29; *Oertmann*, § 325 Anm. 2 b; *Palandt/Heinrichs* (2002), § 325 Rdn. 8; *Planck/Siber* (1914), § 325 Anm. 2 b; RGRK/*Ballhaus*, § 326 Rdn. 64; *Soergel/Wiedemann*, Bd. 2 (1990), § 325 Rdn. 26; *Staudinger/Otto* (2001), § 325 Rdn. 101.

[359] Nach RGZ 85, 280.

[360] RGZ 85, 280, 282.

die Rechtslage nicht geändert.[361] Der Gläubiger kündige nur die Geltendmachung eines Rechts an, wovon er jederzeit Abstand nehmen könne.[362] Die Vorschriften über die Wahlschuld, insbesondere § 262 Abs. 2 BGB, seien ebenfalls nicht anwendbar.[363] In der Literatur[364] wurde angeführt, dass der Rücktritt den Schuldner weniger belaste als der Schadensersatzanspruch. Der Rücktritt führe lediglich zur Wiederherstellung des Zustandes, der ohne den gescheiterten Vertrag bestanden hatte. Deshalb sei ein Wechsel vom Schadensersatz zum Rücktritt möglich.[365] Nur in Ausnahmefällen sollte ein nachträglicher Rücktritt unzulässig sein. Zur Begründung verwies man auf § 242 BGB. Treu und Glauben ließen es nicht zu, dass der Gläubiger seine gesetzlichen Rechtsbehelfe in rücksichtloser Weise ausbeute und sich in Widerspruch zu seinen eigenen früheren Erklärungen setze.[366] Das Schadensersatzbegehren werde verbindlich, wenn der Schuldner den Anspruch erfüllt[367], sein Einverständnis mit ihm erklärt[368] oder sich durch eine Disposition auf die Zahlung eingestellt[369] habe. Umstritten war, ob ein rechtskräftiges Urteil über die Schadensersatzforderung einen nachträglichen Rücktritt ausschloss.[370]

---

361 RGZ 85, 280, 282; ebenso RGZ 109, 184, 186 (anders noch RGZ 53, 161, 167); *Bülow*, JZ 1979, 430, 431; *Enneccerus/Lehmann*, Schuldrecht, § 53 III 2, S. 229; *Planck/Siber* (1914), § 325 Anm. 2 b.

362 RGZ 85, 280, 283; ebenso KG BB 1984, 811; *Bülow*, JZ 1979, 430, 432; *Kipp*, in: FS Koch (1903), S. 110, 125 f.

363 RGZ 85, 280, 282 f.; 109, 182, 186; ebenso BGH NJW 1979, 762 f.; OLG Düsseldorf NJW 1972, 1051, 1052; *Planck/Siber* (1914), § 325 Anm. 2 b [anders noch *Planck/Siber* (1900), § 325 Anm. 2].

364 *Staudinger/Otto* (2001), § 325 Rdn. 101.

365 *Staudinger/Otto* (2001), § 325 Rdn. 101.

366 RGZ 107, 345, 348; 109, 184, 187; *Bülow*, JZ 1979, 430, 432; ähnlich *Larenz*, Schuldrecht I, § 22 II 1, S. 337 f.; *Oertmann*, § 325 Anm. 2 b; *Planck/Siber* (1914), § 325 Anm. 2 b.

367 RGZ 85, 280, 283; *Erman/Battes* (2000), § 325 Rdn. 25; *Huber*, Leistungsstörungen II, § 37 V 1, S. 217; *Leser*, Rücktritt (1975), S. 281; *Lindacher*, JZ 1980, 48, 52; *Oertmann*, § 325 Anm. 2 b; *Planck/Siber* (1914), § 325 Anm. 2 b; *Soergel/Wiedemann*, Bd. 2 (1990), § 325 Rdn. 27; *Weitnauer*, in: FS Hefermehl (1976), S. 467, 475.

368 *Huber*, Leistungsstörungen II, § 37 V 1, S. 217; *Leser*, Rücktritt (1975), S. 279 f.; *Lindacher*, JZ 1980, 48, 52; *Planck/Siber* (1914), § 325 Anm. 2 b; *Soergel/Wiedemann*, Bd. 2 (1990), § 325 Rdn. 27; *Weitnauer*, in: FS Hefermehl (1976), S. 467, 475.

369 *Lindacher*, JZ 1980, 48, 52; *Oertmann*, § 325 Anm. 2 b; *Larenz*, Schuldrecht I, § 22 II 1, S. 337; ähnlich *Staudinger/Otto* (2001), § 325 Rdn. 101.

370 Dafür: *Blomeyer*, Allgemeines Schuldrecht, § 28 II 1 d, S. 151 f.; *ders.*, AcP 151 (1950/51), S. 97, 113; *Huber*, Leistungsstörungen II, § 37 V 1, S. 217; *Leser*, Rücktritt (1975), S. 281. Dagegen: *Bülow*, JZ 1979, 430, 432; *Kaiser*, Rückabwicklung (2000), S. 491; *Kipp*, in: FS Koch (1903), S. 110, 126 f.; *Oertmann*, § 325 Anm. 2 b; *Planck/Siber* (1914), § 325 Anm. 2 b.

Nach der Gegenmeinung[371] sollte ein Wechsel vom Schadensersatzanspruch zum Rücktritt generell unzulässig sein. Zwar handele es sich bei dem Ersatzbegehren nur um die Ausübung eines Anspruchs, was keinen rechtsgeschäftlichen Inhalt habe. Jedoch treffe der Gläubiger zugleich die Wahl zwischen den ihm nach §§ 325, 326 BGB a. F. zur Verfügung stehenden Rechtsbehelfen. Damit mache er von einer rechtsgeschäftlich auszuübenden Gestaltungsberechtigung Gebrauch.[372] Mit dem Schadensersatzverlangen werde das Schuldverhältnis endgültig konkretisiert.[373]

b) Meinungsstand zum neuen Recht

In der Literatur zum neuen Recht wird das Verlangen des Schadensersatzes statt der Leistung teilweise[374] generell für unverbindlich gehalten. Daneben noch den Rücktritt vom Vertrag zu erklären, bereite wegen § 325 BGB keine Probleme.[375] Deshalb könne der Gläubiger, der zunächst Schadensersatz nach der Surrogationstheorie begehrt habe, durch Erklärung des Rücktritts zu einer Abrechnung nach der Differenztheorie wechseln.[376]

Andere[377] folgen der überwiegenden Auffassung zum alten Recht und schließen einen nachträglichen Rücktritt im Einzelfall gemäß § 242 BGB aus. Der Gläubiger könne nicht mehr zurücktreten, wenn sich der Schuldner in erkennbarer Weise auf das Schadensersatzverlangen nach der Surrogationstheorie eingestellt habe.[378] Der Schuldner sei insbesondere schutzwürdig, wenn er sich die finanziellen Mittel zur Bezahlung beschafft oder Vorkehrungen für die Einlagerung der Gegenleistung getroffen habe.[379] Ein nachträglicher Rücktritt des Gläubigers scheide ebenfalls aus, wenn der Schadensersatzanspruch erfüllt worden sei, eine rechtskräftige Entscheidung vorliege oder der Schuldner sein Einverständnis mit dem Schadensersatz nach der Surrogationstheorie erklärt habe.[380]

---

371 *Braga*, MDR 1959, 437, 440; *E. Wolf*, Schuldrecht I, § 9 F V b 3 aa, S. 475 f.

372 *E. Wolf*, Schuldrecht I, § 9 F V b 3 aa, S. 476.

373 *Braga*, MDR 1959, 437, 440.

374 *Bamberger/Roth/Grothe*, § 325 Rdn. 14; MünchKomm/*Ernst*, Bd. 2a, § 325 Rdn. 23.

375 *Bamberger/Roth/Grothe*, § 325 Rdn. 14.

376 MünchKomm/*Ernst*, Bd. 2a, § 325 Rdn. 23.

377 *Emmerich*, Leistungsstörungen, § 12 Rdn. 20, § 13 Rdn. 14; *Gsell*, JZ 2004, 643, 648 f.; *Soergel/Gsell*, Bd. 5/2, § 325 Rdn. 29; *Staudinger/Otto* (2004), § 325 Rdn. 30.

378 *Gsell*, JZ 2004, 643, 648 f.; *Emmerich*, Leistungsstörungen, § 12 Rdn. 20, § 13 Rdn. 14; *Soergel/Gsell*, Bd. 5/2, § 325 Rdn. 29; *Staudinger/Otto* (2004), § 325 Rdn. 30.

379 *Staudinger/Otto* (2004), § 325 Rdn. 30.

380 *Gsell*, JZ 2004, 643, 648; *Soergel/Gsell*, Bd. 5/2, § 325 Rdn. 29.

c) Stellungnahme

aa) Genereller Ausschluss des Rücktritts

Normativer Ansatz dafür, dem Gläubiger generell den Rücktritt zu versagen, sobald er Schadensersatz statt der Leistung nach der Surrogationstheorie verlangt hat, ist § 130 Abs. 1 BGB. Das Schadensersatzbegehren könnte mit seinem Zugang unwiderruflich sein. Zweifelhaft ist allerdings, ob überhaupt eine Willenserklärung vorliegt. Immerhin will der Gläubiger mit der Zahlungsaufforderung keinen rechtlichen, sondern einen tatsächlichen Erfolg herbeiführen. Andererseits wird der bis zu dem Ersatzverlangen in der Schwebe befindliche Schadensersatzanspruch fällig gestellt; daher ist zumindest von einer rechtsgeschäftsähnlichen Erklärung auszugehen.[381] Letztlich kann die genaue Einordnung aber dahinstehen. Denn für rechtsgeschäftsähnliche Erklärungen gelten die §§ 130 ff. BGB entsprechend.[382] Von entscheidender Bedeutung ist vielmehr, ob der Gläubiger mit seinem Schadensersatzbegehren auf das Schuldverhältnis einwirkt; diese Einwirkung könnte er gemäß § 130 Abs. 1 BGB nicht mehr einseitig rückgängig machen.

(a) Gestaltungswirkung des Schadensersatzverlangens

Möglicherweise wird das Schuldverhältnis mit dem Schadensersatzverlangen umgestaltet. Durch die Ausübung eines Gestaltungsrechts wird ein Rechtsverhältnis zustande gebracht, inhaltlich näher bestimmt, geändert oder aufgehoben.[383] Weil der Berechtigte abweichend vom Vertragsprinzip (§ 311 Abs. 1 BGB) ermächtigt wird, einseitig auf das Schuldverhältnis einzuwirken, ist seine Entscheidung nach überwiegender Ansicht unwiderruflich.[384] Abzugrenzen von den Gestaltungsrechten sind die Ansprüche.[385] Ein Anspruch ist nach § 194 Abs. 1 BGB das Recht, von einem anderen ein Tun oder Unterlassen zu verlangen. Kommt der Verpflichtete dem Begehren nicht freiwillig nach, muss der Gläubiger einen Titel erwirken und die Zwangsvollstreckung betreiben, um sein

---

381 Vgl. MünchKomm/*Ernst*, Bd. 2a, § 281 Rdn. 93.

382 MünchKomm/*Schmitt*, Bd. 1, vor § 104 Rdn. 11.

383 Grundlegend *Seckel*, in: FS Koch (1903), S. 205 ff.; vgl. auch *Becker*, AcP 188 (1988), S. 24, 27 f.; *Flume*, AT II, § 11 3, S. 137; *Hübner*, AT, Rdn. 374; *Larenz/Wolf*, AT, § 15 Rdn. 65; *Leverenz*, JURA 1996, 1.

384 Einzelheiten unten Kap. 4 A II 1 d bb.

385 *Becker*, AcP 188 (1988), S. 24, 28; *Larenz/Wolf*, AT, § 15 Rdn. 65; *Medicus*, AT, Rdn. 79.

Recht durchzusetzen.[386] Genauso liegt es, wenn der Gläubiger Schadensersatz statt der Leistung verlangt. Er macht einen Anspruch geltend und muss den Rechtsweg beschreiten, falls der Schuldner nicht freiwillig zahlt. Um eine einseitige Einwirkung auf das Schuldverhältnis handelt es sich nicht.[387]

Im Hinblick auf § 281 Abs. 4 BGB könnte man allenfalls von einer gestaltungsähnlichen Wirkung des Schadensersatzverlangens sprechen.[388] Weil der Erfüllungsanspruch des Gläubigers mit dem Ersatzbegehren ausgeschlossen ist, wird das Vertragsverhältnis inhaltlich verändert.[389] Der Schuldner muss die Leistung nicht mehr wie ursprünglich vereinbart in Natur erbringen, sondern ist nur noch zu einer Geldleistung verpflichtet.[390] Von dieser Wirkung des Schadensersatzbegehrens wird das Rücktrittsrecht aber nicht berührt. Ausgeschlossen ist nur der Erfüllungsanspruch gegen den Schuldner. Dem Gläubiger bleibt es unbenommen, vom Vertrag zurückzutreten, um sich von seiner Gegenleistungspflicht zu befreien und damit zu einer Abrechnung nach der Differenztheorie zu wechseln. Selbst die gestaltungsähnliche Wirkung des Schadensersatzverlangens steht einem nachträglichen Rücktritt also nicht entgegen.[391]

(b) Verbindliche Wahl zwischen zwei Rechtsbehelfen

Zweifelhaft ist auch, ob sich eine Bindung an das Schadensersatzbegehren mit dem Argument begründen lässt, dadurch werde das Schuldverhältnis endgültig konkretisiert.[392] Diese zum alten Recht vertretene Ansicht ist jedenfalls mit Einführung des § 325 BGB haltlos geworden. Zwar erfasst der Wortlaut nur den Fall, dass der Gläubiger zuerst vom Vertrag zurücktritt und sodann Schadensersatz verlangt; ob auch die umgekehrte Vorgehensweise zulässig ist, regelt die Bestimmung nicht ausdrücklich. Andererseits schreibt § 325 BGB auch nicht vor, dass der Gläubiger in einer bestimmten zeitlichen Reihenfolge von seinen

---

[386] *Becker*, AcP 188 (1988), S. 24, 28; *Leverenz*, JURA 1996, 1, 2; *Medicus*, AT, Rdn. 79.

[387] I. E. ebenso zum Verlangen des Schadensersatzes wegen Nichterfüllung nach §§ 325, 326 BGB a. F. *Kipp*, in: FS Koch (1903), S. 110, 125 f.

[388] So *Bamberger/Roth/Grothe*, § 325 Rdn. 14; *Gsell*, JZ 2004, 643, 648; *Soergel/Gsell*, Bd. 5/2, § 325 Rdn. 29.

[389] Das Schadensersatzverlangen nach § 281 Abs. 4 BGB hat damit die gleiche Wirkung wie die Fristsetzung mit Ablehnungsandrohung nach § 326 Abs. 1 S. 2 BGB a. F. Letztere wurde überwiegend für unwiderruflich gehalten [vgl. *Staudinger/Otto* (2001), § 326 Rdn. 74 m. w. N.].

[390] *Soergel/Gsell*, Bd. 5/2, § 325 Rdn. 29.

[391] So i. E. *Bamberger/Roth/Grothe*, § 325 Rdn. 14; *Gsell*, JZ 2004, 643, 648; *Soergel/Gsell*, Bd. 5/2, § 325 Rdn. 29.

[392] So zum alten Recht *Braga*, MDR 1959, 437, 440; i. E. ebenso *E. Wolf*, Schuldrecht I, § 9 F V b 3 aa, S. 475 f.; dazu oben Kap. 4 A I 1 a.

Rechtsbehelfen Gebrauch machen muss. Sichere Erkenntnis besteht aber über den Normzweck, der dahin geht, dem Gläubiger eine Kombination von Rücktritt und Schadensersatz statt der Leistung zu ermöglichen.[393] Vor diesem Hintergrund ist es nicht ausgeschlossen, dass der Rücktritt einem Schadensersatzverlangen nachfolgt. Mit der Wahl des Schadensersatzanspruchs erfolgt also jedenfalls keine endgültige Konkretisierung des Schuldverhältnisses, die einen Ausschluss des Rücktritts rechtfertigt.

bb) Ausschluss des Rücktritts nach Treu und Glauben

Ein nachträglicher Rücktritt könnte im Einzelfall gemäß § 242 BGB ausgeschlossen sein. Es könnte gegen Treu und Glauben verstoßen, wenn der Gläubiger zunächst Schadensersatz statt der Leistung nach der Surrogationstheorie verlangt und sodann mit einem Rücktritt vom Vertrag zu einer Abrechnung nach der Differenztheorie wechselt.

Zu bedenken ist allerdings, dass § 242 BGB eine Generalklausel darstellt, die weder einen subsumtionsfähigen Rechtssatz enthält noch konkrete Rechtsfolgen vorgibt.[394] Die Vorschrift beinhaltet vielmehr das umfassende Prinzip, wonach jedermann in Ausübung seiner Rechte das Gebot von Treu und Glauben beachten muss.[395] Der Anwendungsbereich des § 242 BGB ist durch verschiedene Fallgruppen konkretisiert worden.[396] Sie sind zwar nicht dazu bestimmt, schematisch angewendet zu werden; vielmehr müssen stets die besonderen Umstände des Einzelfalls berücksichtigt werden.[397] Die Fallgruppen bilden aber zumindest eine Argumentationsbasis.[398]

---

393 Oben Kap. 3 B I 2 c.

394 *Dauner-Lieb/Krebs*, AnwKomm-BGB, § 242 Rdn. 2; *Medicus*, Schuldrecht AT, Rdn. 131; MünchKomm/*Roth*, Bd. 2a, § 242 Rdn. 2; *Palandt/Heinrichs* (2007), § 242 Rdn. 2.

395 BGHZ 85, 39, 48; *Dauner-Lieb/Krebs*, AnwKomm-BGB, § 242 Rdn. 1; *Palandt/Heinrichs* (2007), § 242 Rdn. 1.

396 Umstritten ist, nach welchen Kriterien die Fallgruppen zu entwickeln sind. Die überwiegende Auffassung teilt § 242 BGB in Funktionskreise ein, aus denen einzelne Anwendungsfälle abgeleitet werden [Einzelheiten bei *Staudinger/Looschelders/Olzen* (2005), § 242 Rdn. 172 ff. m. w. N.].

397 BGHZ 49, 148, 153; *Looschelders*, Schuldrecht AT, Rdn. 73; *Palandt/Heinrichs* (2007), § 242 Rdn. 5.

398 Vgl. *Beater*, AcP 194 (1994), S. 82, 89; *Staudinger/Looschelders/Olzen* (2005), § 242 Rdn. 211.

(a) Dogmatischer Ansatz: Unzulässige Rechtsausübung

Anerkannt ist, dass eine unzulässige Rechtsausübung gegen das Gebot von Treu und Glauben verstößt.[399] Die Unzulässigkeit kann sich insbesondere aus widersprüchlichem Verhalten (venire contra factum proprium) ergeben.[400] Zwar dürfen die Vertragsparteien ihre Rechtsansichten ändern oder sich auf die Nichtigkeit der von ihnen abgegebenen Erklärungen berufen.[401] Widersprüchliches Verhalten ist aber missbräuchlich und nach § 242 BGB unzulässig, wenn eine Vertragspartei einen Vertrauenstatbestand geschaffen hat, auf den sich die andere Partei eingerichtet hat und einrichten durfte.[402]

Begehrt der Gläubiger Schadensersatz statt der Leistung nach der Surrogationstheorie, kann der Schuldner davon ausgehen, die Gegenleistung zu erhalten. Daneben muss er sich darauf vorbereiten, vollen Schadensersatz für seine ausgebliebene Leistung zu zahlen. Ob das Vertrauen in die Verbindlichkeit dieser Abwicklung schutzwürdig ist, hängt vom Einzelfall ab.

(b) Einzelfälle

(aa) Disposition des Schuldners

Die Schutzwürdigkeit des Vertrauenden ist jedenfalls dann anzunehmen, wenn er im Hinblick auf das in Aussicht gestellte Verhalten disponiert.[403] So ist z. B. denkbar, dass der Schuldner im Vertrauen auf die angekündigte Schadensberechnung nach der Surrogationstheorie Maßnahmen zur Einlagerung der Gegen-

---

399 BGHZ 12, 154, 157; *Dauner-Lieb/Krebs*, AnwKomm-BGB, § 242 Rdn. 64; MünchKomm/*Roth*, Bd. 2a, § 242 Rdn. 177 ff.; *Palandt/Heinrichs* (2007), § 242 Rdn. 38 ff.; *Staudinger/Looschelders/Olzen* (2005), § 242 Rdn. 214 ff.

400 BGHZ 32, 273, 279; 87, 169, 177; BGH NJW 1985, 2589, 2590; NJW 1986, 2104, 2107; NJW 1992, 834; NJW 1997, 3377, 3379; MünchKomm/*Roth*, Bd. 2a, § 242 Rdn. 255 ff.; *Palandt/Heinrichs* (2007), § 242 Rdn. 55 ff.; *Soergel/Teichmann*, Bd. 2 (1990), § 242 Rdn. 312 ff.; *Staudinger/Looschelders/Olzen* (2005), § 242 Rdn. 286 ff.

401 BGHZ 87, 169, 177, BGH NJW 1997, 3377, 3379.

402 BGHZ 32, 273, 279; 87, 169, 177; BGH NJW 1985, 2589, 2590; NJW 1986, 2104, 2107; NJW 1992, 834; NJW 1997, 3377, 3379; *Dauner-Lieb/Krebs*, AnwKomm-BGB, § 242 Rdn. 94; MünchKomm/*Roth*, Bd. 2a, § 242 Rdn. 264; *Palandt/Heinrichs* (2007), § 242 Rdn. 56; *Soergel/Teichmann*, Bd. 2 (1990), § 242 Rdn. 317; *Staudinger/Looschelders/Olzen* (2005), § 242 Rdn. 288.

403 Unstr.; vgl. *Lindacher*, JZ 1980, 48, 52; MünchKomm/*Roth*, Bd. 2a, § 242 Rdn. 261; *Palandt/Heinrichs* (2007), § 242 Rdn. 56; *Soergel/Teichmann*, Bd. 2 (1990), § 242 Rdn. 321; *Staudinger/Looschelders/Olzen* (2005), § 242 Rdn. 295; *Teichmann*, JA 1985, 497, 500.

leistung ergreift (z. B. bei verderblicher Ware) oder sich zur Weiterveräußerung der erwarteten Ware verpflichtet. In Betracht kommt auch, dass er ein Darlehen aufnimmt, um vollen Schadensersatz für seine ausgebliebene Leistung zahlen zu können. Ließe man nach Vornahme einer solchen Disposition noch einen Rücktritt des Gläubigers und damit einen Wechsel zu einer Schadensberechnung nach der Differenztheorie zu, wären die eingegangenen Verbindlichkeiten des Schuldners im Nachhinein nutzlos.[404] Denn der Rücktritt führt gemäß § 346 Abs. 1 BGB dazu, dass der Gläubiger nicht mehr zu leisten braucht bzw. eine bereits erbrachte Leistung zurückverlangen könnte. Gleichwohl bestünden die Verbindlichkeiten des Schuldners aus der Einlagerung der erwarteten Gegenleistung, dem Weiterverkauf der Ware oder aus dem Darlehen fort. Der Schuldner wäre also einer doppelten Belastung ausgesetzt. Das ist unter Berücksichtigung der beiderseitigen Interessen nicht angemessen. Denn die neu eingegangenen Verbindlichkeiten gegenüber Dritten beruhen nicht mehr auf der vom Schuldner zu vertretenden Leistungsstörung, sondern sie sind durch die Unentschlossenheit des Gläubigers erforderlich geworden. Trifft der Schuldner im Vertrauen auf das Schadensersatzbegehren nach der Surrogationstheorie eine Disposition, wird ein nachträglicher Rücktritt des Gläubigers daher regelmäßig wegen Verstoßes gegen das Verbot des venire contra factum proprium gemäß § 242 BGB unzulässig sein. Zu einem anderen Abwägungsergebnis könnte man kommen, wenn der Gläubiger dem Schuldner für die erlittenen Vermögensnachteile einen Ausgleich anbietet.

Eine Disposition nimmt der Schuldner auch dann vor, wenn er die Schadensersatzforderung erfüllt. Allerdings beurteilte das Reichsgericht[405] die Entgegennahme der Zahlung durch den Gläubiger noch als rechtsgeschäftlichen Verzicht auf das Rücktrittsrecht. Diese Ansicht ist abzulehnen. Denn das Verbot widersprüchlichen Verhaltens ist nicht aus einem rechtsgeschäftlichen Verhalten herzuleiten, sondern es basiert auf dem Gedanken des Vertrauensschutzes.[406] In der Praxis wird sich ein entsprechender Verzichtswille auch nur schwer nachweisen lassen[407]; oft müsste er schlicht unterstellt werden. Ob dem Gläubiger ein Rücktritt verwehrt bleibt, sobald der Schuldner den Schadensersatzanspruch erfüllt, ist daher nicht nach den Regeln über den Verzicht, sondern ebenfalls nach den Grundsätzen des venire contra factum proprium zu beurteilen. Bei der Abwägung muss berücksichtigt werden, dass der Gläubiger mit der Entge-

---

[404] Vgl. *Lindacher*, JZ 1980, 48, 52.

[405] RGZ 85, 280, 283; vgl. auch *Wieling*, AcP 176 (1976), S. 334 ff., der das venire contra factum proprium generell als Problem des rechtsgeschäftlichen Verzichts behandelt.

[406] Zutreffend *Martinek*, JZ 1996, 470, 471; *Staudinger/Looschelders/Olzen* (2005), § 242 Rdn. 288; *Teichmann*, JA 1985, 497, 500.

[407] Vgl. *Soergel/Teichmann*, Bd. 2 (1990), § 242 Rdn. 312; ähnlich *Staudinger/Looschelders/Olzen* (2005), § 242 Rdn. 287.

gennahme der Zahlung einen zusätzlichen Vertrauenstatbestand schafft: Der Schuldner kann nunmehr davon ausgehen, dass die Schadensabwicklung endgültig beendet ist. Nach der Erfüllung sind auch keine schutzwürdigen Interessen mehr erkennbar, die einen Rücktritt und den damit verbundenen Wechsel zu einer Schadensberechnung nach der Differenztheorie rechtfertigen würden. Immerhin konnte der Gläubiger bei der Geltendmachung seines Anspruchs zwischen beiden Berechnungsmethoden wählen. Hat er sich für eine Abrechnung nach der Surrogationstheorie entschieden, erhält er mit Erfüllung das, was er gewählt hat. Damit ist seinem Interesse auf Entschädigung Genüge getan. Nach der Erfüllung der Schadensersatzforderung durch den Schuldner wäre ein Rücktritt des Gläubigers somit wegen des Verstoßes gegen das Verbot des venire contra factum proprium gemäß § 242 BGB unzulässig.

(bb) Einverständnis des Schuldners

Denkbar ist ferner, dass sich der Schuldner mit dem geltend gemachten Schadensersatz nach der Surrogationstheorie einverstanden erklärt. Ob dadurch ein schutzwürdiges Vertrauen entsteht, das einen nachträglichen Rücktritt des Gläubigers nach Treu und Glauben ausschließt, ist jedoch zweifelhaft. Zum alten Recht wurde das mit der Begründung angenommen, der Schuldner stelle sich mit seinem Einverständnis auf den vom Gläubiger gewählten Rechtsbehelf ein.[408] Für das neue Recht wird diese Ansicht von einem Teil der Literatur[409] übernommen.

Misst man die vorgebrachte Begründung allerdings an den dogmatischen Voraussetzungen für einen Verstoß gegen das Verbot des venire contra factum proprium[410], offenbaren sich Schwächen. Bedenken ergeben sich insbesondere daraus, dass der Schuldner mit seinem Einverständnis noch keine Disposition trifft. Nach zutreffender Ansicht[411] ist eine solche Disposition aber unerlässlich. Denn die Frage nach der Schutzwürdigkeit stellt sich erst, wenn das Vertrauen nachteilige Konsequenzen mit sich gebracht hat.[412] Ohne eine entsprechende Disposition sind noch keine irreversiblen Folgen geschaffen, die es rechtfertigen

---

408 *Leser*, Rückritt (1975), S. 279 f.

409 *Emmerich*, Leistungsstörungen, § 12 Rdn. 20, § 13 Rdn. 14; *Gsell*, JZ 2004, 643, 648; *Soergel/Gsell*, Bd. 5/2, § 325 Rdn. 29.

410 Dazu oben Kap. 4 A I 1 c bb.

411 *Canaris*, Vertrauenshaftung (1971), S. 513; *Soergel/Teichmann*, Bd. 2 (1990), § 242 Rdn. 321; *Teichmann*, JA 1985, 497, 500; a. M. MünchKomm/*Roth*, Bd. 2a, § 242 Rdn. 261; *Palandt/Heinrichs* (2007), § 242 Rdn. 56; *Staudinger/Looschelders/Olzen* (2005), § 242 Rdn. 295.

412 Zutreffend *Soergel/Teichmann*, Bd. 2 (1990), § 242 Rdn. 321.

würden, einen gesetzlich zulässigen Rechtsbehelf, den Rücktritt vom Vertrag, ausnahmsweise gemäß § 242 BGB auszuschließen. Würde das bloße Einverständnis mit dem Schadensausgleich nach der Surrogationstheorie genügen, um dem Gläubiger einen nachträglichen Rücktritt und damit einen Wechsel zur Differenztheorie zu verwehren, hätte es der Schuldner auch in der Hand, den Ersatzberechtigten frühzeitig an die getroffene Wahl zu binden. Das erscheint nicht angemessen, zumal der Gläubiger nicht immer sofort erkennen kann, welche Reaktion auf die Leistungsstörung für ihn am günstigsten ist.[413] Sein Interesse daran, von seinen gesetzlichen Rechtsbehelfen in möglichst flexibler Weise Gebrauch zu machen, muss jedenfalls solange vorrangig sein, wie der Schuldner noch keine Vertrauensdisposition getroffen hat.

Das bloße Einverständnis mit der Schadensberechnung nach der Surrogationstheorie schließt einen nachträglichen Rücktritt und einen damit verbundenen Übergang zur Differenztheorie also nicht aus.

(cc) Rechtskräftiges Urteil über die Schadensersatzforderung

Bedenklich ist auch, dem Gläubiger nach einem rechtskräftigen Urteil über die Schadensersatzforderung den Rücktritt vom Vertrag zu verwehren.[414] Zu §§ 325, 326 BGB a. F. wurde insoweit angeführt, dass sich der Schuldner mit der Rechtskraft des Urteils auf den titulierten Anspruch einstellen müsse[415], nicht zuletzt im Hinblick auf eine mögliche Zwangsvollstreckung.[416]

Dieser Argumentation kann ebenfalls entgegengehalten werden, dass noch keine Disposition des Schuldners vorliegt, die es rechtfertigt, ihn zu schützen.[417] Solange der Schuldner die titulierte Schadensersatzforderung nicht freiwillig erfüllt oder im Wege der Zwangsvollstreckung dazu gezwungen wird, erleidet er keinen Nachteil. Hinzu kommt Folgendes: Tritt der Gläubiger nach der Rechtskraft des Urteils vom Vertrag zurück und betreibt er die Zwangsvollstreckung, kann sich der Schuldner mit der Klage aus § 767 ZPO zur Wehr setzen.[418] Mit dem Rücktritt erlischt die Erfüllungspflicht des Gläubigers gemäß § 346 Abs. 1 BGB und der Wert der rücktrittsbedingt ersparten Gegenleistung muss als Min-

---

[413] *Bürck*, JuS 1973, 347, 350.

[414] So aber *Emmerich*, Leistungsstörungen, § 12 Rdn. 20; *Gsell*, JZ 2004, 643, 648; *Soergel/Gsell*, Bd. 5/2, § 325 Rdn. 29.

[415] *Huber*, Leistungsstörungen II, § 37 V 1, S. 217.

[416] *Leser*, Rücktritt (1975), S. 281.

[417] Zur Vertrauensdisposition als unerlässliche Voraussetzung für einen Verstoß gegen das Verbot des venire contra factum proprium soeben Kap. 4 A I 1 c bb (b) (bb).

[418] Ähnlich zum alten Recht *Kipp*, in: FS Koch (1903), S. 110, 127.

derungsposten bei der Schadensberechnung berücksichtigt werden.[419] Es handelt sich um eine materiellrechtliche Einwendung gegen den Titel. Die Zwangsvollstreckung aus dem Urteil wäre somit nur bis zur Höhe des Betrages zulässig, welcher der Differenz aus dem Wert beider Leistungspflichten entspricht. Damit besteht nicht die Gefahr, dass der Schuldner nach einem Rücktritt des Gläubigers in voller Höhe des titulierten Anspruchs zur Zahlung gezwungen wird und seinerseits die Gegenleistung nicht erhält bzw. zurückgewähren muss.

Unter Berücksichtigung dieser Umstände ist es nicht zu rechtfertigen, dem Gläubiger den Rücktritt und damit einen Wechsel zur Schadensberechnung nach der Differenztheorie allein deshalb zu versagen, weil der Schuldner rechtskräftig zum Schadensersatz nach der Surrogationstheorie verurteilt wurde.

### *2. Zwischenergebnis*

Als Zwischenergebnis kann festgehalten werden, dass das Schadensersatzverlangen nach der Surrogationstheorie grundsätzlich unverbindlich ist. Der Gläubiger kann nachträglich vom Vertrag zurücktreten und damit zu einer Schadensberechnung nach der Differenztheorie übergehen.[420] Eine solche Entscheidungskorrektur ist nur ausnahmsweise gemäß § 242 BGB ausgeschlossen. Der Gläubiger verstößt mit dem Rücktritt gegen das Verbot des venire contra factum proprium, wenn der Schuldner den Schadensersatz nach der Surrogationstheorie erfüllt oder sich durch eine sonstige Disposition darauf eingestellt hat.[421] Ohne eine solche Vertrauensdisposition er hingegen nicht schutzwürdig. Deshalb hindert weder das Einverständnis des Schuldners mit dem Schadensersatz[422] noch seine rechtskräftige Verurteilung[423] den Gläubiger an einem nachträglichen Rücktritt und einem damit verbundenen Wechsel zur Differenztheorie.

### *3. Änderung der isolierten Schadensberechnung*

Möglicherweise kann der Übergang von der Surrogations- zur Differenztheorie auch ohne einen nachträglichen Rücktritt vom Vertrag erfolgen. In Betracht kommt, dass der Gläubiger sein Schadensersatzverlangen schlicht umstellt und statt des vollen Wertes der ausgebliebenen Leistung die Differenz aus dem Wert beider Leistungen verlangt. Eine solche Vorgehensweise setzt aber voraus, dass

---

419 Oben Kap. 3 C II 1.

420 Kap. 4 A I 1 c aa.

421 Kap. 4 A I 1 c bb (b) (aa).

422 Kap. 4 A I 1 c bb (b) (bb).

423 Kap. 4 A I 1 c bb (b) (cc).

die Differenztheorie bei isolierter Schadensberechnung überhaupt anwendbar ist. Im Rahmen von § 281 Abs. 1 S. 1 Alt. 1 BGB ist das nicht der Fall.[424] Ohne einen zusätzlichen Rücktritt kommt daher auch ein nachträglicher Wechsel von der Surrogations- zur Differenztheorie nicht in Betracht.

Bei den §§ 283 S. 1, 311a Abs. 2 S. 1 BGB ist zu unterscheiden: Ist § 326 Abs. 1 S. 1 BGB nicht einschlägig, scheidet eine isolierte Abrechnung nach der Differenztheorie ebenfalls aus.[425] Nur wenn § 326 Abs. 1 S. 1 BGB eingreift, kann der Gläubiger ohne Rücktritt nach dieser Berechnungsmethode vorgehen.[426] Allein in diesem Fall ist deshalb auch die Umstellung eines isolierten Schadensersatzverlangens von der Surrogations- zur Differenztheorie denkbar. Für die Zulässigkeit einer solchen Entscheidungskorrektur spricht, dass das Ersatzbegehren nach der Surrogationstheorie grundsätzlich unverbindlich ist.[427] Ebenso wie ein nachträglicher Rücktritt[428] muss die Änderung der isolierten Schadensberechnung aber unter den Vorbehalt von Treu und Glauben gestellt werden. Der Gläubiger kann nicht mehr nach der Differenztheorie vorgehen, sobald sich der Schuldner durch eine Vertrauensdisposition darauf eingestellt hat, vollen Schadensersatz zu zahlen und im Austausch damit die Gegenleistung zu erhalten.[429]

### *II. Wechsel von der Differenz- zur Surrogationstheorie*

Verlangt der Gläubiger Schadensersatz nach der Differenztheorie, kommen ebenfalls zwei Möglichkeiten in Betracht, wie er diese Entscheidung korrigieren kann. Hat er den Rücktritt erklärt, lässt sich der dadurch ausgelöste Wegfall der Gegenleistungspflicht möglicherweise wieder beseitigen. Liegt kein Rücktritt vor, ist an eine Änderung der isolierten Schadensberechnung zu denken.

#### *1. Widerruf eines Rücktritts*

##### a) Das Problem

Ob ein Rücktritt vom Vertrag widerrufen werden kann, ist problematisch und wurde bereits zu §§ 325, 326 BGB a. F. kontrovers diskutiert. Hier ergab sich

---

424 Oben Kap. 3 C II 2.

425 Oben Kap. 3 C II 2.

426 Oben Kap. 3 C II 2.

427 Oben Kap. 4 A I 1 c aa.

428 Dazu soeben Kap. 4 A I 1 c bb.

429 Vgl. oben Kap. 4 A I 1 c bb (b) (aa).

das Problem wiederum vor dem Hintergrund der strengen Alternativität zwischen Rücktritt und Schadensersatz. Es ging um die Frage, ob der Gläubiger, der vorschnell den Rücktritt erklärt hatte, seine Entscheidung rückgängig machen und stattdessen Schadensersatz wegen Nichterfüllung verlangen konnte.[430] Im neuen Recht sind Rücktritt und Schadensersatz nach § 325 BGB miteinander vereinbar.[431] Eine Bindung an den Rücktritt hätte somit keinen Ausschluss des Schadensersatzanspruchs mehr zur Folge. Andererseits führt der Rücktritt zu einem Wegfall der Gegenleistungspflicht gemäß § 346 Abs. 1 BGB. Der Wert der rücktrittsbedingt ersparten Gegenleistung wirkt sich zwangsläufig schadensmindernd aus.[432] Bei einer Bindung an den Rücktritt könnte der Gläubiger somit zwar noch immer Schadensersatz statt der Leistung verlangen; er wäre aber auf eine Abrechnung nach der Differenztheorie beschränkt. Mit dieser Modifikation bleibt die Widerruflichkeit des Rücktritts auch zum neuen Recht umstritten.[433]

Eine Befugnis zur Beseitigung der Rücktrittsfolgen ergibt sich insbesondere nicht schon aus § 325 BGB. Der Gehalt dieser Bestimmung beschränkt sich darauf, dem Gläubiger einen Ausgleich seines Erfüllungsinteresses in Geld zu ermöglichen, obwohl er zurückgetreten ist.[434] Es ist aber nicht geregelt, ob und unter welchen Voraussetzungen der Rücktritt rückgängig gemacht werden kann.[435]

### b) Meinungsstand zum alten Recht

Die überwiegende Auffassung zum alten Recht[436] hielt den Rücktritt generell für unwiderruflich; ein Wechsel zum Schadensersatz wegen Nichterfüllung sei

---

430 Sogleich Kap. 4 A II 1 b.

431 Oben Kap. 3 B I 2 c.

432 Oben Kap. 3 C II 1.

433 Kap. 4 A II 1 c.

434 Oben Kap. 3 B I 2 c.

435 *Gsell*, Jb.J.ZivRWiss 2001, S. 105, 128; *dies.*, JZ 2004, 643, 648; *Soergel/Gsell*, Bd. 5/2, § 325 Rdn. 31.

436 RGZ 85, 280, 282; 109, 184, 186; 126, 65, 69; RG JW 1904, 536; JW 1910, 229; JW 1932, 1205; BGHZ 88, 46, 48; BGH NJW 1979, 762; NJW 1982, 1279, 1280; NJW 1988, 2877; NJW 1988, 2878; NJW 1995, 449, 450; NJW-RR 1988, 1100; OLG Düsseldorf NJW 1972, 1051; *Blomeyer*, Allgemeines Schuldrecht, § 28 II 1 d, S. 151; *Braga*, MDR 1959, 437, 439 f.; *Enneccerus/Lehmann*, Schuldrecht, § 53 III 2, S. 229; *Kaiser*, Rückabwicklung (2000), S. 459 ff.; *Palandt/Heinrichs* (2002), § 325 Rdn. 8; *Planck/Siber* (1914), § 325 Anm. 2 a; RGRK/*Ballhaus*, § 326 Rdn. 64; *Staudinger/Kaiser* (2001), § 349 Rdn. 24 ff.; *E. Wolf*, Schuldrecht I, § 9 F V b 3 aa, S. 475 f.

unzulässig. Zur Begründung führte die Rechtsprechung[437] an, dass der Vertrag aufgehoben werde. Die Literatur[438] begründete die Unwiderruflichkeit des Rücktritts vor allem mit seiner Gestaltungswirkung. Mit Zugang der Erklärung werde der Vertrag in ein Rückabwicklungsschuldverhältnis nach Maßgabe der §§ 346 ff. BGB umgestaltet. Diese Umgestaltung könne nicht einseitig rückgängig gemacht werden.[439]

Nach einer im Vordringen befindlichen Auffassung[440] sollte der Rücktritt nur eine eingeschränkte Bindungswirkung haben. Insbesondere folge aus der Gestaltungswirkung nicht, dass die Erklärung generell unwiderruflich sei. Die Bindung an Gestaltungserklärungen sei kein Axiom, sondern ein Mittel des Interessenschutzes. Der Bindungsgrundsatz müsse eingeschränkt werden, wenn der Erklärungsempfänger nicht schutzwürdig sei.[441] Ebenso wie das Schadensersatzverlangen binde der Rücktritt den Gläubiger erst, wenn sich der Schuldner auf die Rechtsfolgen der §§ 346 ff. BGB eingestellt habe.[442]

### c) Meinungsstand zum neuen Recht

In der Literatur zum neuen Recht wird überwiegend[443] an der Unwiderruflichkeit des Rücktritts festgehalten. Wie jedes Gestaltungsrecht gewähre auch das Rücktrittsrecht die Befugnis zur Wahl zwischen zwei Zuständen: Der Berechtigte könne entweder am Vertrag festhalten oder dessen Rückabwicklung nach

---

437 RGZ 85, 280, 282; 109, 184, 186; 126, 65, 69; BGH NJW 1979, 762; NJW 1982, 1279, 1280; OLG Düsseldorf NJW 1972, 1051; ebenso *Enneccerus/Lehmann*, Schuldrecht, § 53 III 2, S. 229; ähnlich *Blomeyer*, Allgemeines Schuldrecht, § 28 II 1 d, S. 151.

438 *Kaiser*, Rückabwicklung (2000), S. 459 ff.; *Palandt/Heinrichs* (2002), § 325 Rdn. 8; *Staudinger/Kaiser* (2001), § 349 Rdn. 24.

439 *Staudinger/Kaiser* (2001), § 349 Rdn. 24.

440 *Erman/Battes* (2000), § 325 Rdn. 25, § 326 Rdn. 38; *Esser/Schmidt*, Schuldrecht I/2, § 28 III 4, S. 131 f.; *Huber*, Leistungsstörungen II, § 37 V 1 b, S. 219 ff.; *Kohler*, WM 1993, 45, 47; *Larenz*, Schuldrecht I, § 22 I a, S. 337 f.; *Leser*, Rücktritt (1975), S. 273 ff.; *Lindacher*, JZ 1980, 48, 52; MünchKomm/*Emmerich*, Bd. 2 (2001), § 325 Rdn. 29; *Soergel/Wiedemann*, Bd. 2 (1990), § 325 Rdn. 26, Rdn. 64; *Staudinger/Otto* (2001), § 325 Rdn. 104 ff.; *Weitnauer*, in: FS Hefermehl (1976), S. 467, 474; *ders.*, in: FS Heidelberg (1967), S. 71, 100 f.

441 *Esser/Schmidt*, Schuldrecht I/2, § 28 III 4, S. 131 f.; *Lindacher*, JZ 1980, 48, 52.

442 *Erman/Battes* (2000), § 325 Rdn. 25; *Esser/Schmidt*, Schuldrecht I/2, § 28 III 4, S. 132; *Larenz*, Schuldrecht I, § 22 I a, S. 337; *Staudinger/Otto* (2001), § 325 Rdn. 104.

443 *Boerner*, ZIP 2001, 2264, 2270; *Derleder*, NJW 2003, 998, 1001; *Gaier*, WM 2002, 1, 2; MünchKomm/*Ernst*, Bd. 2a, § 323 Rdn. 187, § 325 Rdn. 23; *Schulze*, in: Handkomm-BGB, § 325 Rdn. 4; *Staudinger/Kaiser* (2004), § 349 Rdn. 23; *Staudinger/Otto* (2004), § 280 Rdn. E 67; *Westermann/Schultz*, Das Schuldrecht 2002, S. 17, 98.

§§ 346 ff. BGB herbeiführen. Mit Zugang der Rücktrittserklärung werde die Rechtslage bindend geändert.[444] Da sich der Erklärungsgegner dieser Wirkung nicht entziehen könne, dürfe er nicht zusätzlich im Ungewissen darüber bleiben, ob der geschaffene Rechtszustand dauerhaft oder nur vorübergehend sei.[445] Folglich müsse sich der Gläubiger gut überlegen, ob er vor oder neben dem Schadensersatzverlangen vom Vertrag zurücktritt. Durch den Rücktritt verliere er das Recht, den Schadensersatz statt der Leistung nach der Surrogationstheorie zu berechnen.[446]

Andere[447] halten den Rücktritt grundsätzlich für unverbindlich. Auch wenn nach neuem Recht der Schadensersatzanspruch nicht mehr verloren gehe, sobald der Gläubiger zurücktrete, gebe es dennoch Fallkonstellationen, in denen sich der Rücktritt als voreilig erweise und der Gläubiger ein Interesse daran habe, die Rechtsfolgen der §§ 346 ff. BGB zu beseitigen.[448] Für die Widerruflichkeit des Rücktritts soll der Normzweck des § 325 BGB sprechen. Mit dieser Bestimmung habe der Gesetzgeber den Gläubiger begünstigen wollen. Vor diesem Hintergrund überzeuge es nicht, die Wahl des Rücktritts für verbindlich zu halten.[449] Der Gläubiger könne von dieser Entscheidung grundsätzlich noch Abstand nehmen und Schadensersatz statt der Leistung nach der Surrogationstheorie fordern.[450] Erst wenn ein endgültiger Zustand geschaffen sei, aufgrund dessen sich der Schuldner auf die Rücktrittsfolgen eingestellt habe, ende das ius variandi.[451] Auf diese Weise werde ein angemessener Ausgleich der beteiligten Interessen erreicht und damit dem Ziel der Schuldrechtsmodernisierung Rechnung getragen, den Gläubiger künftig besser vor den Folgen eines übereilten Rücktritts zu schützen.[452]

---

444 *Staudinger/Kaiser* (2004), § 349 Rdn. 23.

445 *Staudinger/Kaiser* (2004), § 349 Rdn. 23.

446 *Staudinger/Otto* (2004), § 280 Rdn. E 67.

447 *Emmerich*, Leistungsstörungen, § 12 Rdn. 20, § 13 Rdn. 14; *Gsell*, JZ 2004, 643, 648 f.; *Krause*, JURA 2002, 299, 304; *Soergel/Gsell*, Bd. 5/2, § 325 Rdn. 31.

448 *Gsell*, JZ 2004, 643, 649; *Soergel/Gsell*, Bd. 5/2, § 325 Rdn. 31.

449 *Emmerich*, Leistungsstörungen, § 12 Rdn. 20.

450 *Gsell*, JZ 2004, 643, 649; *Krause*, JURA 2002, 299, 304; *Soergel/Gsell*, Bd. 5/2, § 325 Rdn. 31; i. E. ebenso *Emmerich*, Leistungsstörungen, § 12 Rdn. 20.

451 *Emmerich*, Leistungsstörungen, § 12 Rdn. 20; *Gsell*, JZ 2004, 643, 649; *Krause*, JURA 2002, 299, 304; *Soergel/Gsell*, Bd. 5/2, § 325 Rdn. 31.

452 *Soergel/Gsell*, Bd. 5/2, § 325 Rdn. 31.

d) Stellungnahme

Eine Unwiderruflichkeit des Rücktritts lässt sich jedenfalls nicht mit dem Argument begründen, der Vertrag werde aufgehoben.[453] Diese Auffassung war schon zum alten Recht unzutreffend. Der Vertrag wird durch den Rücktritt nicht beseitigt, sondern bleibt vielmehr bestehen und bildet die Voraussetzung und die Grundlage für den Anspruch auf Schadensersatz statt der Leistung.[454] Verwertbare Argumente enthalten aber möglicherweise die Gesetzesmaterialien. Von entscheidender Bedeutung könnte der Charakter des Rücktritts als Gestaltungsrecht sein.

aa) Gesetzesmaterialien

In den Materialien zum Schuldrechtsmodernisierungsgesetz wird zur Frage der Widerruflichkeit des Rücktritts nicht grundsätzlich Stellung bezogen. Nur vereinzelt wird auf dieses Problem eingegangen. Für unzulässig hält der Gesetzgeber einen Wechsel vom Rücktritt zur Minderung. In der Begründung zu § 437 BGB heißt es:

> *„Als Rücktritt ist das Recht des Käufers zur Aufhebung des Vertrags - anders als die Wandelung - ein Gestaltungsrecht. Der Käufer ist an den erklärten Rücktritt gebunden und kann ihn nicht nach seinem freien Willen zurücknehmen und z. B. nach der Rücktrittserklärung stattdessen Minderung verlangen.“*[455]

*„Anders“* sei dies

> *„für den Schadensersatzanspruch, dessen Geltendmachung auch nach Rücktritt § 325 RE ausdrücklich zulässt.“*[456]

Danach entsteht der Eindruck, als halte der Gesetzgeber den Widerruf des Rücktritts zugunsten der Minderung für ausgeschlossen, zugunsten eines Schadensersatzanspruchs aber für möglich. Mit dieser Lesart stünde es dem Gläubiger frei, von seiner Entscheidung für die Differenztheorie Abstand zu nehmen und stattdessen Schadensersatz nach der Surrogationstheorie zu verlangen. Andererseits

---

[453] So aber RGZ 85, 280, 282; 109, 184, 186; 126, 65, 69; BGH NJW 1979, 762; NJW 1982, 1279, 1280; OLG Düsseldorf NJW 1972, 1051; ebenso *Enneccerus/Lehmann*, Schuldrecht, § 53 III 2, S. 229.

[454] Oben Kap. 3 B I 2 c.

[455] BT-Drs. 14/6040, S. 221.

[456] BT-Drs. 14/6040, S. 221.

kann man die zitierten Materialien auch als Klarstellung dahingehend verstehen, dass der Gläubiger berechtigt ist, den Rücktritt mit einem Schadensersatzanspruch zu kombinieren. Für ein derartiges Verständnis spricht die Bezugnahme auf § 325 BGB. Mit dieser Norm soll die Alternativität zwischen Rücktritt und Schadensersatz aufgegeben werden; einen darüber hinausgehenden Zweck verfolgte der Gesetzgeber mit der Neuregelung nicht:

> „*Entsprechend einem Vorschlag der Schuldrechtskommission* (...) *soll* (...) *die sog. Alternativität zwischen Rücktritt und Schadensersatz aufgegeben werden. Auf diese Aussage beschränkt sich § 325 RE* (...).“[457]

Auffallend ist auch, dass sich ausgerechnet in der Begründung zu § 325 BGB keine Stellungnahme zur Widerruflichkeit des Rücktritts findet. Im Hinblick darauf, dass diese Frage bereits zum alten Recht kontrovers diskutiert wurde[458], wäre eine entsprechende Äußerung aber gerade an dieser Stelle der Materialien zu erwarten gewesen. Offensichtlich wollte der Gesetzgeber den Streit nicht entscheiden. Unterstützt wird diese Ansicht durch die Begründung zu § 346 BGB. Dort wird die Frage behandelt, ob der Rücktritt widerrufen werden kann, wenn der Gläubiger erfährt, dass die von ihm gelieferte Sache beim Rücktrittsgegner ohne dessen Verschulden untergegangen ist.[459] Ob dem Gläubiger in dieser Situation

> „*das Recht zuzubilligen ist, die Rücktrittserklärung rückgängig zu machen, kann wie bisher Rechtsprechung und Lehre überlassen bleiben.*“[460]

Insgesamt ergeben sich also aus den Materialien keine Antworten auf die Frage, ob ein einmal erklärter Rücktritt widerrufen werden kann.

---

457 BT-Drs. 14/6040, S. 188.

458 Soeben Kap. 4 A II 1 b.

459 Das Problem bestand im alten Recht darin, dass der Gläubiger weder einen Rückgewähranspruch gemäß § 346 S. 1 BGB a. F. hatte noch Schadensersatz nach §§ 347 S. 1, 989 BGB a. F. verlangen konnte. Vgl. zu den zahlreichen Lösungsansätzen *Staudinger/Kaiser* (2001), § 349 Rdn. 27 ff.

460 BT-Drs. 14/6040, S. 194. Nach MünchKomm/*Gaier*, Bd. 2a, § 349 Rdn. 3 und *Palandt/Grüneberg* (2007), § 349 Rdn. 2 soll sich das Problem erledigt haben. Der Gläubiger könne regelmäßig gemäß § 346 Abs. 2 Nr. 3 BGB Wertersatz verlangen. Scheide ein solcher Anspruch im Einzelfall aus, verdiene der Rücktrittsberechtigte nach der in § 346 Abs. 3 BGB getroffenen Entscheidung des Gesetzes keine Bevorzugung.

bb) Gestaltungswirkung des Rücktritts

Möglicherweise folgt die Unwiderruflichkeit des Rücktritts aus seiner gestaltenden Wirkung. Dass es sich um ein Gestaltungsrecht handelt, ist allgemein anerkannt[461] und ergibt sich aus den Rechtsfolgen des § 346 Abs. 1 BGB. Danach erlöschen die beiderseitigen Leistungspflichten und sind die Parteien zur Rückgewähr des jeweils Empfangenen verpflichtet.[462] Durch die Rücktrittserklärung wird der Vertrag somit inhaltlich geändert, ohne dass der Erklärungsgegner darauf Einfluss nehmen kann.[463] Der Berechtigte hat ein einseitiges Einwirkungsrecht auf das Schuldverhältnis. Er kann entscheiden, ob der Vertrag bestehen bleiben oder rückabgewickelt werden soll.[464]

Mit der Gestaltungsmacht des Rücktrittsberechtigten korrespondiert seine Gestaltungsverantwortung. Die Änderung des Schuldverhältnisses kann nicht mehr ungeschehen gemacht, d. h. mit rückwirkender Kraft beseitigt werden.[465] Demgegenüber überzeugt es nicht, den Rücktritt für widerruflich zu halten, solange sich der Erklärungsgegner noch nicht auf die Rechtsfolgen der §§ 346 ff. BGB eingestellt hat. Dieser Ansicht zufolge soll der Rücktritt unter denselben Voraussetzungen widerrufen werden können wie das Schadensersatzverlangen.[466] Damit wird indes der entscheidende Unterschied zwischen beiden Rechtsbehelfen verwischt. Mit dem Schadensersatzverlangen macht der Gläubiger nur einen Anspruch geltend. Um ihn durchzusetzen, muss er sich notfalls gerichtlicher Hilfe bedienen.[467] Beim Rücktritt ist die Situation anders. Mit ihm wird unmittelbar auf den Vertrag und damit auch auf die Rechtsposition des Schuldners eingewirkt. Gemäß § 346 Abs. 1 BGB verliert der Rücktrittsgegner seinen Leistungsanspruch, ohne an dieser Rechtsänderung mitgewirkt zu haben und ohne dass der Rücktrittsberechtigte dafür gerichtliche Hilfe in Anspruch nehmen musste. Als Ausübung eines Gestaltungsrechts trägt der Rücktritt somit selbst die Vollstreckung in sich.[468] Der Verlust des Erfüllungsanspruchs zieht weitere Konsequenzen nach sich: Hat der Rücktrittsgegner die Leistung bereits erhalten, muss er sie gemäß § 346 Abs. 1 BGB zurückgewähren. Sofern er dazu

461 Vgl. statt vieler *Staudinger/Kaiser* (2004), vor § 346 Rdn. 28 m. w. N.

462 *Palandt/Grüneberg* (2007) § 346 Rdn. 4 f.; *Staudinger/Kaiser* (2004), vor § 346 Rdn. 31 f.

463 *Staudinger/Kaiser* (2004), vor § 346 Rdn. 28.

464 *Staudinger/Kaiser* (2004), vor § 346 Rdn. 28.

465 *Bötticher*, Gestaltungsrecht (1964), S. 6; *Leverenz*, JURA 1996, 1, 2; *Medicus*, AT, Rdn. 90; *Staudinger/Kaiser* (2004), § 349 Rdn. 23.

466 So *Emmerich*, Leistungsstörungen, § 12 Rdn. 20, § 13 Rdn. 14; *Gsell*, JZ 2004, 643, 648 f.; *Krause*, JURA 2002, 299, 304; *Soergel/Gsell*, Bd. 5/2, § 325 Rdn. 31.

467 Vgl. oben Kap. 4 A I 1 c aa (a).

468 *Becker*, AcP 188 (1988), S. 24, 28.

nicht in der Lage ist, hat er nach § 346 Abs. 2 BGB Wertersatz zu leisten. Unter den Voraussetzungen des § 347 Abs. 1 BGB muss er außerdem Nutzungsersatz zahlen. Vergleichbare Rechtsfolgen hat das Schadensersatzverlangen nicht. Der Rücktritt unterscheidet sich daher grundsätzlich von dem Schadensersatzverlangen. Die generelle Unwiderruflichkeit der Rücktrittserklärung ist der Preis, den der Berechtigte dafür zahlt, dass er sein Recht auf einfache Weise, nämlich durch bloße Willenserklärung, verwirklichen kann.[469]

Im Hinblick auf den Schadensersatz statt der Leistung folgt daraus, dass der Gläubiger mit Zugang der Rücktrittserklärung nur noch nach der Differenztheorie abrechnen kann. Der rücktrittsbedingte Wegfall der Gegenleistungspflicht ist unwiderruflich, so dass ein nachträglicher Wechsel zu einer Abrechnung nach der Surrogationstheorie ausscheidet.

### *2. Änderung der isolierten Schadensberechnung*

Auf eine Beseitigung der Rücktrittsfolgen käme es nicht an, wenn der Gläubiger nach der Differenztheorie vorgeht, ohne zurückzutreten. In diesem Fall kommt ein Wechsel zur Surrogationstheorie auch durch eine Änderung der isolierten Schadensberechnung in Betracht. Der Gläubiger kann sein Begehren möglicherweise umstellen: Statt der Differenz aus dem Wert beider Pflichten könnte er vollen Schadensersatz verlangen und seine eigene Leistung anbieten.

In Erwägung zu ziehen ist eine solche Vorgehensweise aber nur bei den §§ 283 S. 1, 311a Abs. 2 S. 1 BGB, denn nur dort ist die Differenztheorie ohne einen Rücktritt anwendbar.[470] Ein Wechsel zur Surrogationstheorie wäre gleichwohl ausgeschlossen, wenn das Schadensersatzverlangen nach der Differenztheorie eine Bindungswirkung erzeugt, die einer solchen Entscheidungskorrektur im Wege steht.

#### a) Bindung an das Schadensersatzverlangen nach der Differenztheorie

Grundsätzlich ist das Begehren des Schadensersatzes statt der Leistung unverbindlich. So ist es in den Fällen der §§ 283 S. 1, 311a Abs. 2 S. 1 BGB möglich, durch eine Änderung der isolierten Schadensberechnung von der Surrogations- zur Differenztheorie zu wechseln.[471] Damit ist aber noch nicht geklärt, ob auch der umgekehrte Weg zulässig ist, ob der Gläubiger also sein Schadensersatzverlangen von der Differenz- auf die Surrogationstheorie umstellen darf.

---

469 *Bötticher*, Gestaltungsrecht (1964), S. 6.

470 Oben Kap. 3 C II 2.

471 Soeben Kap. 4 A I 3.

Zum alten Recht wurde vertreten, dass die Entscheidung für den Schadensersatz nach der Differenztheorie nicht mehr korrigiert werden könne.[472] Den Differenzschaden müsse der Gläubiger im Wege einer bindenden Gestaltungserklärung geltend machen.[473] Die Gestaltung des Schuldverhältnisses liege darin, dass zugleich erklärt werde, die eigene Leistungspflicht beenden zu wollen.[474] Begründet wurde diese Ansicht mit §§ 326 Abs. 1 S. 3, 325 Abs. 1 S. 2, 280 Abs. 2 BGB a. F. Verlange der Gläubiger bei einer Teilleistungsstörung Schadensersatz wegen Nichterfüllung des ganzen Vertrages, verweise § 280 Abs. 2 S. 2 BGB a. F. für seine Erklärung, dass er den noch möglichen Teil ablehne, auf die rücktrittsrechtliche Vorschrift des § 349 BGB. Aus der entsprechenden Anwendung der §§ 280 Abs. 2 S. 2, 349 BGB a. F. folge, dass auch der Differenzschadensersatz mit einer Gestaltungserklärung geltend zu machen sei.[475] Für die generelle Bindung an das Schadensersatzverlangen nach der Differenztheorie wurde außerdem angeführt, dass dem Schuldner ein Wechsel zur Surrogationstheorie nicht zugemutet werden könne.[476]

Dieser Ansicht ist jedenfalls zum neuen Recht nicht zu folgen. Eine Gestaltungswirkung hat das Schadensersatzverlangen auch dann nicht, wenn der Gläubiger nach der Differenztheorie vorgeht. Eine isolierte Schadensberechnung nach der Differenztheorie ist nur in den Fällen der §§ 283 S. 1, 311a Abs. 2 S. 1 BGB möglich. Dort ergibt sich der Wegfall der Gegenleistungspflicht aber nicht aus einer gestaltenden Erklärung des Gläubigers, sondern kraft Gesetzes gemäß § 326 Abs. 1 S. 1 BGB.[477] Eine Bindung an das Schadensersatzverlangen nach der Differenztheorie kann erst recht nicht pauschal damit begründet werden, ein nachträglicher Wechsel zur Surrogationstheorie sei für den Schuldner unzumutbar. Unabhängig davon, dass diese Ansicht keinen dogmatischen Ansatz (z. B. venire contra factum proprium) erkennen lässt, kann eine Unzumutbarkeit nicht generell, sondern nur im Einzelfall begründet sein.

---

472 *van den Daele*, Probleme des gegenseitigen Vertrages (1968), S. 114; *Kaiser*, Rückabwicklung (2000), S. 489.

473 *Kaiser*, Rückabwicklung (2000), S. 489.

474 *Kaiser*, Rückabwicklung (2000), S. 489.

475 *Kaiser*, Rückabwicklung (2000), S. 489.

476 *van den Daele*, Probleme des gegenseitigen Vertrages (1968), S. 114.

477 Oben Kap. 3 B I 1.

b) Ausschluss der Entscheidungskorrektur nach Treu und Glauben

Im Einzelfall könnte der Gläubiger gegen das Verbot des venire contra factum proprium verstoßen, wenn er zunächst Schadensersatz statt der Leistung nach der Differenztheorie fordert und sodann zu einer Abrechnung nach der Surrogationstheorie wechselt. Grundsätzlich liegt ein Verstoß gegen § 242 BGB vor, wenn der Schuldner in schutzwürdiger Weise auf das in Aussicht gestellte Verhalten vertrauen darf.[478] Die Schutzwürdigkeit ist anzunehmen, wenn der Schuldner im Hinblick auf das angekündigte Verhalten eine Disposition vornimmt.[479] Verlangt der Gläubiger Schadensersatz statt der Leistung nach der Differenztheorie, ist z. B. denkbar, dass sich der Schuldner einen Ersatzgegenstand beschafft, weil er davon ausgehen muss, die Gegenleistung nicht mehr zu erhalten bzw. zurückgewähren zu müssen. Könnte der Gläubiger in dieser Situation zu einer Schadensberechnung nach der Surrogationstheorie wechseln, müsste der Schuldner die Ware doch noch abnehmen bzw. behalten und vollen Schadensersatz für seine ausgebliebene Leistung bezahlen. Daneben hätte er den Verbindlichkeiten nachzukommen, die sich aus dem Erwerb des Ersatzgegenstandes ergeben. Die Nachteile aus dieser doppelten Haftung beruhen aber nicht mehr auf der von ihm zu vertretenden Leistungsstörung, sondern auf der Unentschlossenheit des Gläubigers. Hat der Schuldner im Hinblick auf eine Abrechnung nach der Differenztheorie disponiert, ist es daher unter Berücksichtigung der beiderseitigen Interessen angemessen, den Gläubiger an sein ursprüngliches Ersatzbegehren zu binden. Ein nachträglicher Wechsel zu einer Abrechnung nach der Surrogationstheorie verstieße dann gegen das Verbot des venire contra factum proprium.

Eine Vertrauensdisposition liegt auch dann vor, wenn der Schuldner den Schadensersatzanspruch erfüllt.[480] Mit der Entgegennahme der Zahlung in Höhe der Differenz aus dem Wert beider Leistungen schafft der Gläubiger sogar einen zusätzlichen Vertrauenstatbestand. Der Schuldner kann nunmehr davon ausgehen, dass die Schadensabwicklung endgültig beendet ist, und zwar nach der Differenztheorie. Er muss nicht mehr damit rechnen, dass der Gläubiger seine Entscheidung korrigiert und den vollen Wert der ausgebliebenen Leistung geltend macht. Ein solches Vorgehen verstieße ebenfalls gegen das Verbot des venire contra factum proprium und wäre gemäß § 242 BGB unzulässig.

Hat der Schuldner allerdings noch keine Disposition vorgenommen, ist er nicht schutzwürdig.[481] So genügt insbesondere sein bloßes Einverständnis mit

---

478 Vgl. oben Kap. 4 A I 1 c bb (a).

479 Vgl. oben Kap. 4 A I 1 c bb (b) (aa).

480 Vgl. oben Kap. 4 A I 1 c bb (b) (aa).

481 Vgl. oben Kap. 4 A I 1 c bb (b) (bb).

dem geltend gemachten Schadensersatzanspruch nicht, um dem Gläubiger eine Entscheidungskorrektur zu verwehren.[482] Andernfalls hätte es der Schuldner in der Hand, den Gläubiger frühzeitig an die getroffene Wahl zu binden, obwohl ihm noch keine irreversiblen Nachteile entstanden sind. In dieser Situation überwiegt das Interesse des Gläubigers an einer flexiblen Handhabung der ihm zur Verfügung stehenden Berechnungsmethoden. Ebenso wenig wird der Gläubiger allein durch ein rechtskräftiges Urteil über die Schadensersatzforderung an sein Ersatzbegehren nach der Differenztheorie gebunden.[483]

### *III. Zusammenfassung*

Zusammenfassend ergibt sich für die Bindung an die gewählte Berechnungsmethode folgender Befund:

Verlangt der Gläubiger zunächst Schadensersatz statt der Leistung nach der Surrogationstheorie, so ist er daran grundsätzlich nicht gebunden. Er kann nachträglich vom Vertrag zurücktreten und damit zu einer Schadensberechnung nach der Differenztheorie wechseln.[484] Grenzen werden nur durch § 242 BGB gezogen. Ein Rücktritt ist wegen Verstoßes gegen das Verbot des venire contra factum proprium unzulässig, wenn sich der Schuldner durch eine Vertrauensdisposition auf eine Schadensberechnung nach der Surrogationstheorie eingestellt hat.[485] In den Fällen der §§ 283 S. 1, 311a Abs. 2 S. 1 BGB ist ein Wechsel von der Surrogations- zur Differenztheorie auch durch eine Änderung der isolierten Schadensberechnung, also ohne einen zusätzlichen Rücktritt, möglich. Die Umstellung des Schadensersatzbegehrens steht ebenfalls unter dem Vorbehalt des § 242 BGB.[486]

Geht der Gläubiger zunächst nach der Differenztheorie vor, ist er an diese Entscheidung gebunden, wenn er seinen Schadensersatzanspruch mit einem Rücktritt vom Vertrag kombiniert hat. Denn der rücktrittsbedingte Wegfall der Gegenleistungspflicht kann nicht mehr einseitig rückgängig gemacht werden.[487] Ein nachträglicher Wechsel zur Surrogationstheorie ist daher nur durch eine Änderung der isolierten Schadensberechnung möglich. In Betracht kommt dies allein in den Fällen der §§ 283 S. 1, 311a Abs. 2 S. 1 BGB.[488] Nur dort, nicht

---

482 Vgl. oben Kap. 4 A I 1 c bb (b) (bb) zum parallelen Problem, dass der Schuldner sein Einverständnis mit einer Schadensberechnung nach der Surrogationstheorie erklärt.

483 Vgl. oben Kap. 4 A I 1 c bb (b) (cc).

484 Kap. 4 A I 1 c aa.

485 Kap. 4 A I 1 c bb (b) (aa).

486 Kap. 4 A I 3.

487 Kap. 4 A II 1 d bb.

488 Kap. 4 A II 2.

aber im Fall des § 281 Abs. 1 S. 1 Alt. 1 BGB, kann die Differenztheorie auch ohne einen zusätzlichen Rücktritt zum Zuge kommen. Das isolierte Schadensersatzverlangen bindet den Gläubiger grundsätzlich nicht.[489] Ein Wechsel zur Surrogationstheorie ist jedoch im Einzelfall nach § 242 BGB ausgeschlossen, wenn sich der Schuldner durch eine Vertrauensdisposition auf die Schadensberechnung nach der Differenztheorie eingestellt hat.[490]

## B. Erklärungsverhalten des Gläubigers

Aus § 325 BGB ergibt sich, dass der Schadensersatz statt der Leistung isoliert oder in Kombination mit einem Rücktritt vom Vertrag geltend gemacht werden kann. In der Praxis können durch die verschiedenen Entscheidungsmöglichkeiten des Gläubigers Auslegungsprobleme entstehen. Zu berücksichtigen ist nämlich, dass ein Rücktritt zwangsläufig[491] und unumkehrbar[492] zu einer Schadensberechnung nach der Differenztheorie führt. Nach einem Rücktritt ist es nicht mehr möglich, die Gegenleistung anzubieten und den vollen Wert der ausgebliebenen Schuldnerleistung als Schadensersatz zu verlangen.

Im Einzelfall muss deshalb geklärt werden, ob bei einer ausdrücklichen Kombination von Rücktritt und Schadensersatz wirklich der Rücktritt i. S. v. §§ 346 ff. BGB erklärt wurde. Bei einem isolierten Schadensersatzverlangen kann ein konkludenter Rücktritt vorliegen.

### *I. Kombination von Rücktritt und Schadensersatz*

#### *1. Auslegung der Rücktrittserklärung nach altem Recht*

In der Praxis zum alten Recht kam es häufig vor, dass der Rücktritt vom Vertrag erklärt und zugleich Schadensersatz wegen Nichterfüllung verlangt wurde.[493] Das war insofern problematisch, als beide Rechtsbehelfe nach §§ 325 Abs. 1 S. 1, 326 Abs. 1 S. 2 BGB a. F. in einem Alternativitätsverhältnis standen.[494] Ein Rücktritt hatte zur Folge, dass der Schadensersatzanspruch ausgeschlossen war.

---

[489] Kap. 4 A II 2 a.

[490] Kap. 4 A II 2 b.

[491] Kap. 3 C II 1.

[492] Kap. 4 A II 1 d bb.

[493] Vgl. RGZ 126, 65, 69; RG JW 1911, 751; JW 1926, 2906; BGH MDR 1964, 138; NJW 1982, 1279; NJW-RR 1988, 1100.

[494] Vgl. oben Kap. 2 A I.

Dieses missliche Ergebnis war Laien oft nicht bewusst. Jedoch wurden Rücktritt und Schadensersatz selbst von Rechtsanwälten miteinander kombiniert. Typisch war folgendes Erklärungsverhalten, welches das Reichsgericht im Jahre 1929 zu beurteilen hatte:

„*Mit dem Rückritt vom Vertrage verlangt meine Partei selbstverständlich auch Schadensersatz. Die Bezifferung dieses Anspruchs behalte ich mir ausdrücklich vor.*"[495]

Im Fall RG JW 1926, 2906 erklärte der Kläger:

„*Da Sie die Erfüllung des Vertrages und die Zahlung ausdrücklich erneut abgelehnt haben, so trete ich hiermit von dem mit Ihnen geschlossenen Vertrage zurück und werde (...) den Selbsthilfeverkauf (...) für Ihre Rechnung vornehmen und den sich hierbei ergebenden Schaden von Ihnen im Wege der Klage verlangen.*"

In BGH NJW 1982, 1279 führte der Prozessbevollmächtigte des Klägers aus:

„*Meine Mandantin hat bereits mit Schreiben vom (...) den Rücktritt vom Vertrag angekündigt. Mit Telex vom (...) hat unsere Mandantin dann, nachdem Sie nicht reagiert haben, endgültig den Rücktritt vom Vertrag erklärt. Namens und im Auftrag meiner Mandantin teile ich Ihnen mit, daß Ihnen zur Lieferung (...) nunmehr eine letzte Frist bis zum (...) gesetzt wird. (...) Ich teile hierdurch ausdrücklich mit, daß nach Ablauf dieser Frist meine Mandantschaft die Annahme der Leistung (...) ausdrücklich ablehnt. Dieser Hinweis erfolgt im Hinblick auf § 326 BGB und im Hinblick auf den bereits erklärten Rücktritt vom Vertrag. Daraus ergibt sich, daß meine Mandantin einen Schadensersatzanspruch wegen Nichterfüllung hat. Bereits mit Schreiben vom (...) hat meine Mandantin Ihnen gegenüber diesen Schadensersatzanspruch teilweise beziffert.*"

Die Entscheidung BGH NJW-RR 1988, 1100 hatte schließlich folgende Erklärung zum Gegenstand:

„*Nach alledem ist die fristgerechte Fertigstellung des Hotelneubaus als objektiv unmöglich anzusehen. Im Hinblick hierauf wird schon jetzt der Rücktritt vom geschlossenen Pachtvertrage erklärt. Wir kündigen an, daß wir wegen des gesamten entstandenen und noch entstehenden Schadens Ihre Mandantschaft in Anspruch nehmen werden.*"

Bei wörtlichem Verständnis mussten die Rücktrittserklärungen jeweils zur Folge haben, dass die Schadensersatzansprüche ausgeschlossen waren. Die Gläubiger hätten also an sich nur die sich aus dem Rücktritt ergebenden Rechte geltend

---

[495] RGZ 126, 65, 69.

machen können. Die Rechtsprechung gelangte aber oft zu einem anderen Ergebnis. So hob das Reichsgericht hervor, dass

> „(...) *die Erklärung des vertragstreuen Kontrahenten, er trete vom Vertrag zurück und verlange Schadensersatz, regelmäßig im Sinne der ersten Alternative des § 326 Abs. 1 Satz 2 zu verstehen* [sei].“ [496]

Der Gläubiger wolle nicht so vom Vertrag zurücktreten, als ob derselbe gar nicht geschlossen wäre; vielmehr begehre er Ersatz des Schadens, den er dadurch erleide, dass der abgeschlossene Vertrag nicht zur Erfüllung gelangt sei.[497] Diese Entscheidung leitete eine ständige Rechtsprechung ein, die im Laufe der Zeit konkretisiert wurde.

So stellte das Reichsgericht in einer weiteren Entscheidung[498] heraus, dass es in RG JW 1907, 386 nur die tatsächliche Feststellung getroffen habe, wie die Kombination von Rücktritt und Schadensersatz regelmäßig zu verstehen sei. Der Rechtsanwender müsse aber in jedem Einzelfall gesondert durch Auslegung prüfen, welche Bedeutung die Rücktrittserklärung habe.[499]

In RG JW 1926, 2906 bezeichnete das Reichsgericht die Kombination von Rücktritt und Schadensersatz als „zweifellos unklar“ und „mehrdeutig“. Für die Auslegung zog es § 133 BGB heran. Bei der danach vorgeschriebenen Erforschung des wirklichen Willens des Erklärenden müsse berücksichtigt werden, dass dem Rechtsverkehr der Ausdruck „Rücktritt vom Vertrag“ in seiner gesetzestechnischen Bedeutung oft nicht geläufig sei.[500] In Verbindung mit einer Schadensersatzforderung werde der Rücktritt vielmehr dahin verstanden, dass der Gläubiger die Leistung des Schuldners ablehne und Schadensersatz wegen Nichterfüllung verlange.[501]

Ähnlich argumentierte das Reichsgericht in RGZ 126, 65, 69. Aus § 133 BGB ergebe sich, dass es im Einzelfall darauf ankomme, wie der Empfänger den für ihn bestimmten Erklärungsinhalt nach den besonderen Umständen in Verbindung mit der Verkehrsauffassung verstehen musste. Mit einer Kombination von Rücktritt und Schadensersatz könne gemeint sein, dass in Wahrheit nur Schadensersatz verlangt werde und der Erklärende nicht vom Vertrag zurücktreten

---

[496] RG JW 1907, 386, 387.
[497] RG JW 1907, 386, 387.
[498] RG JW 1911, 751.
[499] RG JW 1911, 751, 752.
[500] RG JW 1926, 2906 f.
[501] RG JW 1926, 2906, 2907.

wolle. Im Zweifel sei die Deutung als Schadensersatzverlangen sogar vorzuziehen.[502]

Der BGH[503] folgte der Argumentationslinie des Reichsgerichts. Die Erklärung, Schadensersatz wegen Nichterfüllung zu verlangen und vom Vertrag zurückzutreten, sei wegen ihrer Widersprüchlichkeit mehrdeutig und daher auslegungsbedürftig.[504] Als Auslegungsmaßstab legte der BGH die §§ 133, 157 BGB zugrunde.[505] Ergänzend seien die Gesichtspunkte zu beachten, die in der höchstrichterlichen Rechtsprechung als Auslegungsgrundsätze entwickelt worden seien.[506] Kämen für die Bewertung des Gläubigerverhaltens sowohl Rücktritt als auch Schadensersatz in Betracht, sei der Rücktritt im Zweifel nicht gewollt. Denn die Verkehrsauffassung messe dem Ausdruck „Rücktritt" nicht die gesetzestechnische Bedeutung bei, sondern schließe daraus lediglich, dass der Gläubiger auf die geschuldete Leistung keinen Wert mehr lege.[507] Etwas anderes gelte nur dann, wenn der Gläubiger ein erkennbares und ausschließliches Interesse daran habe, die Leistung des Schuldners nicht mehr entgegenzunehmen.[508]

### *2. Auslegung der Rücktrittserklärung nach neuem Recht*

#### a) Relevanz des Auslegungsproblems

Ob die Auslegungsgrundsätze der Rechtsprechung zu §§ 325, 326 BGB a. F. auch noch nach der Schuldrechtsreform Bestand haben, erscheint im Hinblick auf § 325 BGB zweifelhaft. Immerhin wollte der Gesetzgeber mit dieser Neuregelung die Probleme beseitigen, die sich aus der Alternativität von Rücktritt und Schadensersatz ergaben. In der Begründung zu § 325 BGB heißt es:

> *„Schwierigkeiten bereiten (...) vor allem die Fälle, in denen der Gläubiger voreilig Rücktritt erklärt hat. Die Rechtsprechung hilft, indem sie großzügig solche Erklärungen als Schadensersatzverlangen deutet (vgl. BGH, NJW 1988, 2878). (...) Dieses Ergebnis des geltenden Rechts ist nicht sachgemäß. (...) Entsprechend einem Vorschlag der Schuld-*

---

502 RGZ 126, 65, 69.

503 BGH MDR 1964, 138; NJW 1982, 1279, 1280; NJW 1988, 2877; NJW 1988, 2878, 2879; NJW-RR 1988, 1100.

504 BGH NJW-RR 1988, 1100.

505 BGH NJW 1988, 2877; NJW 1988, 2878, 2879.

506 BGH NJW 1988, 2877.

507 BGH NJW 1982, 1279, 1280.

508 BGH NJW 1982, 1279, 1280; NJW 1988, 2877; NJW-RR 1988, 1100.

*rechtskommission (...) soll deshalb die sog. Alternativität zwischen Rücktritt und Schadensersatz aufgegeben werden.*"[509]

Angesichts dessen könnte man der Ansicht sein, dass die ausdrückliche Kombination von Rücktritt und Schadensersatz keiner Auslegung bedürfe. Mit der Einführung des § 325 BGB seien die „Verrenkungen" der früheren herrschenden Meinung obsolet geworden.[510]

Bei näherer Betrachtung zeigt sich allerdings, dass die Kombination von Rücktritt und Schadensersatz auch nach neuem Recht unklar bleibt. Bei gegenseitigen Verträgen hat das Zusammenspiel beider Rechtsbehelfe eine entscheidende Bedeutung für die Schadensberechnung. Nach einem Rücktritt muss der Schaden nach der Differenztheorie berechnet werden.[511] Die Entscheidung für den Rücktritt und die damit verbundene Berechnungsmethode ist unwiderruflich.[512] Ein isoliertes Schadensersatzverlangen bindet den Gläubiger dagegen grundsätzlich nicht.[513] Diese dogmatischen Hintergründe werden insbesondere Laien oft nicht bewusst sein. Aber auch bei anwaltlicher Vertretung besteht die Gefahr, dass der Rücktritt voreilig erklärt wird; das zeigen die Beispiele aus der Rechtsprechung zum alten Recht, wo Rücktritt und Schadensersatz sogar miteinander kombiniert wurden, obwohl sie einander ausschlossen.[514] Im Hinblick auf § 325 BGB ist es umso mehr zu erwarten, dass von dem Rücktrittsrecht rege Gebrauch gemacht wird, und zwar in der irrtümlichen Annahme, dass dies nach neuem Recht nicht mehr schade. Tatsächlich führt der Rücktritt aber zu einer frühzeitigen Beschränkung auf eine Schadensberechnung nach der Differenztheorie. Dem Gläubiger ist es bei einer Kombination beider Rechtsbehelfe verwehrt, seine Gegenleistung anzubieten und vom Schuldner vollen Schadensersatz für die ausgebliebene Leistung zu verlangen.[515] Erfolgt der Rücktritt durch einen Prozessbevollmächtigten oder auf dessen Empfehlung hin, kann dies einen Beratungsfehler darstellen, für den der Anwalt gegenüber seinem Mandanten haftet.[516] Vor diesem Hintergrund besteht das Auslegungsproblem auch nach neuem Recht fort.

---

509 BT-Drs. 14/6040, S. 188.

510 So *Staudinger/Kaiser* (2004), § 349 Rdn. 12.

511 Oben Kap. 3 C II 1.

512 Oben Kap. 4 A II 1 d bb.

513 Oben Kap. 4 A I 1 c aa; Kap. 4 A II 2 a.

514 Soeben Kap. 4 B I 1.

515 Oben Kap. 4 A II 1 d bb.

516 Zur Haftung eines Rechtsanwalts, der seinem Mandaten voreilig den Rücktritt empfahl vgl. BGH NJW 1995, 449.

b) Auslegungsmaßstab

Als Auslegungsmaßstab kommen §§ 133, 157 BGB in Betracht. Die Anwendung dieser Normen auf die Frage, ob bei einer Kombination von Rücktritt und Schadensersatz eine Rücktrittserklärung i. S. v. §§ 346 ff. BGB vorliegt, bereitet aber in mehrfacher Hinsicht Schwierigkeiten.

So gilt § 157 BGB nach seinem Wortlaut nur für Verträge und nicht für einzelne Willenserklärungen. Eine einzelne Willenserklärung kann aber entsprechend § 157 BGB ausgelegt werden, wenn sie empfangsbedürftig ist.[517] Der Grund für die Berücksichtigung der Verkehrssitte in § 157 BGB ist nämlich nicht das Vorliegen eines Vertrages, sondern der Umstand, dass es um das Verständnis von empfangsbedürftigen Willenserklärungen geht. Wie der Empfänger eine solche Erklärung verstehen muss, kann nicht losgelöst von der Verkehrssitte ermittelt werden.[518] Auch die Rücktrittserklärung ist empfangsbedürftig. Für ihre Auslegung kann § 157 BGB daher herangezogen werden.

Des Weiteren ist zu bedenken, dass § 133 BGB eine Willenserklärung voraussetzt. Auch bei § 157 BGB geht es um die Auslegung vorhandener Willenserklärungen. Soll geklärt werden, ob der Gläubiger vom Vertrag zurückgetreten ist, stellt sich aber die Frage, ob überhaupt eine Willenserklärung vorliegt. Insoweit können die Auslegungsregeln der §§ 133, 157 BGB jedenfalls nicht direkt angewendet werden. Sie gelten aber entsprechend.[519] Die Interessenlage unterscheidet sich in beiden Fällen nicht. Um zu klären, welche konkreten Rechtsfolgen der Erklärende herbeiführen wollte, ist nämlich zwangsläufig auch zu klären, ob er überhaupt welche auslösen wollte.[520]

Fraglich ist zudem, ob vorrangig auf § 133 BGB oder auf § 157 BGB abzustellen ist. Immerhin hatte das Reichsgericht in einigen Entscheidungen, in denen es um das Verständnis der Kombination von Rücktritt und Schadensersatz ging, allein § 133 BGB angewendet.[521] In der Literatur ist das Verhältnis beider Vorschriften umstritten.[522] Weil die Berücksichtigung der Verkehrssitte jedoch in § 157 BGB vorgeschrieben ist, überzeugt es jedenfalls nicht, die Verkehrssitte

---

517 BGHZ 47, 75, 78; *Rüthers/Stadler*, AT, § 18 Rdn. 5; *Soergel/Wolf*, § 157 Rdn. 5; *Staudinger/Roth* (2003), § 157 Rdn. 1.

518 BGHZ 47, 75, 78; *Medicus*, AT, Rdn. 323; *Rüthers/Stadler*, AT, § 18 Rdn. 5.

519 BGHZ 21, 102, 106 f.; 91, 324, 330; 109, 171, 177; *Larenz/Wolf*, AT, § 28 Rdn. 21; MünchKomm/*Busche*, Bd. 1, § 133 Rdn. 47; *Palandt/Heinrichs* (2007), § 133 Rdn. 9; *Soergel/Hefermehl*, Bd. 2 (1999), § 133 Rdn. 9; *Staudinger/Singer* (2004), § 133 Rdn. 25.

520 *Staudinger/Singer* (2004), § 133 Rdn. 25.

521 RGZ 126, 65, 69; RG JW 1926, 2906; dazu soeben Kap. 4 B I 1.

522 Zum Streitstand *Soergel/Wolf*, Bd. 2 (1999), § 157 Rdn. 11 ff.; *Staudinger/Singer* (2004), § 133 Rdn. 4.

bei der Erforschung des wirklichen Willens nach § 133 BGB zu berücksichtigen.[523] Diese Bestimmung ist nur dann alleiniger Maßstab, wenn es um die Auslegung einer nicht empfangsbedürftigen Willenserklärung geht oder wenn sich beide Parteien über den Sinn der Erklärung einig sind.[524] Im Übrigen kommt § 157 BGB zum Zuge. Damit ergänzen sich beide Vorschriften gegenseitig; praktisch hat § 157 BGB jedoch den Vorrang.[525] Empfangsbedürftige Willenserklärungen sind daher regelmäßig so auszulegen, wie sie ein objektiver Empfänger nach Treu und Glauben unter Berücksichtigung der Verkehrssitte verstehen konnte und verstehen musste (Empfängerhorizont).[526]

c) Einzelfälle

Kombiniert der Gläubiger sein Schadensersatzverlangen ausdrücklich mit einem Rücktritt vom Vertrag, bringt er nach der Verkehrsauffassung mit dem Rücktritt regelmäßig nur zum Ausdruck, dass er auf die Schuldnerleistung keinen Wert mehr legt.[527] Im Einzelfall kann aber unter Berücksichtigung der konkreten Umstände doch eine Erklärung im Sinne der §§ 346 ff. BGB vorliegen. Die Vielzahl möglicher Fallgestaltungen ist naturgemäß unbegrenzt. Jedoch bestehen schon vorweg unterschiedliche Ausgangslagen je nachdem, ob der Gläubiger den Rücktritt neben einem Anspruch aus § 281 Abs. 1 S. 1 Alt. 1 BGB erklärt oder neben einem Anspruch aus §§ 283 S. 1, 311a Abs. 2 S. 1 BGB.

aa) Rücktritt und Schadensersatz gemäß § 281 Abs. 1 S. 1 Alt. 1 BGB

Im Fall des § 281 Abs. 1 S. 1 Alt. 1 BGB muss berücksichtigt werden, dass die Differenztheorie nur bei einer Kombination von Rücktritt und Schadensersatz anwendbar ist[528], nicht hingegen bei isolierter Schadensberechnung[529]. Andererseits schließt der Rücktritt eine Abwicklung nach der Surrogationstheorie aus; es ist nicht zulässig, die Gegenleistung zu behalten bzw. zurückzuverlangen und

---

523 So aber RGZ 126, 65, 69; RG JW 1926, 2906.

524 *Soergel/Wolf*, Bd. 2 (1999), § 157 Rdn. 15 f.; *Staudinger/Singer* (2004), § 133 Rdn. 6.

525 *Soergel/Wolf*, Bd. 2 (1999), § 157 Rdn. 14.

526 Vgl. RGZ 126, 65, 69; BGHZ 36, 30, 33; 47, 75, 78; 103, 275, 280; *Medicus*, AT, Rdn. 323; MünchKomm/*Busche*, Bd. 1, § 133 Rdn. 28; *Palandt/Heinrichs* (2007), § 133 Rdn. 9; *Rüthers/Stadler*, AT, § 18 Rdn. 12; *Soergel/Hefermehl*, Bd. 2 (1999), § 133 Rdn. 14; *Staudinger/Singer* (2004), § 133 Rdn. 18.

527 Soeben Kap. 4 B I 1.

528 Oben Kap. 3 C II 1.

529 Oben Kap. 3 C II 2.

vollen Schadensersatz zu fordern.[530] Ob eine Rücktrittserklärung wörtlich zu verstehen ist, kann daher im Zusammenhang mit einem Anspruch aus § 281 Abs. 1 S. 1 Alt. 1 BGB davon abhängig gemacht werden, ob und in welcher Höhe der Schaden beziffert wird.

Macht der Gläubiger den vollen Wert der ausgebliebenen Schuldnerleistung geltend, steht ein gleichzeitig erklärter Rücktritt dazu im Widerspruch. Dann wird der Rücktrittserklärung nur die Bedeutung beigemessen werden können, dass der Gläubiger auf die ausgebliebene Schuldnerleistung keinen Wert mehr legt. Es liegt kein Rücktritt i. S. v. §§ 346 ff. BGB vor, sondern nur ein isoliertes Schadensersatzbegehren nach der Surrogationstheorie. Diese Entscheidung bindet den Gläubiger nicht, so dass ihm ein Wechsel zu einer Abrechnung nach der Differenztheorie noch offen steht.[531]

Fordert der Gläubiger hingegen die Differenz aus dem Wert beider Leistungspflichten, wird er sich an einem ausdrücklich erklärten Rücktritt festhalten lassen müssen. Nach dem objektiven Empfängerhorizont besteht in dieser Situation kein Raum für die Annahme, dass mit dem Rücktritt nur zum Ausdruck gebracht werden soll, der Schuldner möge die ausgebliebene Leistung behalten; vielmehr wird das Bestreben des Gläubigers deutlich, sich von seiner Gegenleistungspflicht zu befreien bzw. einen Rückgewähranspruch zu begründen. Beides ist im Fall des § 281 Abs. 1 S. 1 Alt. 1 BGB nur mit einem zusätzlichen Rücktritt vom Vertrag möglich.[532] Dann ist die Rücktrittserklärung wörtlich zu verstehen. Sie ist unwiderruflich und hat zur Folge, dass der Schaden nur noch nach der Differenztheorie berechnet werden kann.[533]

Schwierigkeiten kann die Auslegung einer Rücktrittserklärung bereiten, die neben einem unbezifferten Schadensersatzverlangen erfolgt. So kann es vorkommen, dass der Gläubiger schlicht „Schadensersatz“ oder „Schadensersatz statt der Leistung“ verlangt und zugleich den Rücktritt vom Vertrag erklärt. Dann steht der Umfang des geltend gemachten Schadens noch nicht fest. Demzufolge ist auch nicht ersichtlich, ob sich der Gläubiger von seiner eigenen Leistungspflicht befreien und den Schaden nach der Differenztheorie berechnen will. Regelmäßig wird man davon ausgehen können, dass der Gläubiger mit dem Rücktritt nur zu verstehen gibt, auf die Schuldnerleistung keinen Wert mehr zu legen. Etwas anderes kann sich im Einzelfall aus den sonstigen Umständen ergeben. Insbesondere ist es denkbar, dass der Gläubiger ankündigt, er werde seine eigene Leistung nicht erbringen; bei einer Vorleistung fordert er möglicherweise das Erbrachte vom Schuldner zurück. Solche Umstände wären gewichtige

---

[530] Oben Kap. 3 C II 1.

[531] Oben Kap. 4 A I 1 c.

[532] Oben Kap. 3 B II; Kap. 3 D II 1 b.

[533] Kap. 4 A II 1 d bb.

Indizien für einen Rücktritt i. S. v. §§ 346 ff. BGB. Dann würde sich die Schadensberechnung unwiderruflich nach der Differenztheorie richten.[534] Umgekehrt spräche gegen einen Rücktritt, wenn der Gläubiger die Erfüllung anbietet oder dem Schuldner mitteilt, er solle eine Vorleistung behalten. In solchen Fällen läge nur ein isoliertes Schadensersatzverlangen nach der Surrogationstheorie vor. Ein nachträglicher Wechsel zur Differenztheorie wäre dann grundsätzlich noch möglich.[535]

### bb) Rücktritt und Schadensersatz gemäß §§ 283 S. 1, 311a Abs. 2 S. 1 BGB

In den Fällen der §§ 283 S. 1, 311a Abs. 2 S. 1 BGB kann die Differenztheorie auch ohne einen zusätzlichen Rücktritt vom Vertrag zum Zuge kommen. Diese gegenüber § 281 Abs. 1 S. 1 Alt. 1 BGB bestehende Besonderheit muss auch berücksichtigt werden, wenn es um das Verständnis einer Kombination von Rücktritt und Schadensersatz geht.

Wird der Gläubiger gemäß § 326 Abs. 1 S. 1 BGB von seiner Gegenleistungspflicht frei, besteht nach dem objektiven Empfängerhorizont kein Anhaltspunkt für einen Rücktritt. Das gilt selbst dann, wenn die Differenz aus dem Wert beider Leistungspflichten gefordert wird. Der Rücktritt ginge ohnehin ins Leere, weil die Gegenleistungspflicht bereits kraft Gesetzes wegfällt[536] und der Rückgewähranspruch im Hinblick auf eine erbrachte Gegenleistung gemäß § 326 Abs. 4 BGB besteht[537]. Unabhängig davon, in welcher Höhe der Gläubiger seinen Schaden beziffert, wird daher nur ein isoliertes Schadensersatzverlangen vorliegen. Daran ist er grundsätzlich nicht gebunden.[538]

Andere Auslegungsergebnisse können angezeigt sein, wenn § 326 Abs. 1 S. 1 BGB nicht eingreift. Ob der Gläubiger mit einer ausdrücklichen Kombination von Rücktritt und Schadensersatz auch eine Erklärung i. S. v. §§ 346 ff. BGB abgibt, hängt dann ebenso wie bei § 281 Abs. 1 S. 1 Alt. 1 BGB[539] davon ab, ob und in welcher Höhe er den Schaden beziffert. Verlangt er die Differenz aus dem Wert beider Leistungen, wird regelmäßig ein Rücktritt nach §§ 326 Abs. 5, 323 BGB vorliegen. Denn im Anwendungsbereich dieser Normen ist der Rücktritt unerlässliche Voraussetzung für den Wegfall der Gegenleistungspflicht[540]

---

[534] Oben Kap. 4 A II 1 d bb.

[535] Oben Kap. 4 A I 1 c aa.

[536] Oben Kap. 3 B I 1.

[537] Oben Kap. 3 D II 1 a.

[538] Oben Kap. 4 A I 1 c aa; Kap. 4 A II 2 a.

[539] Dazu soeben Kap. 4 B I 2 c aa.

[540] Oben Kap. 3 B I 2 b.

bzw. den Rückgewähranspruch aus § 346 Abs. 1 BGB[541] und damit für eine Schadensberechnung nach der Differenztheorie. Gegen einen Rücktritt des Gläubigers spräche, wenn er den vollen Wert der ausgebliebenen Schuldnerleistung verlangt, weil dies nach dem schadensrechtlichen Bereicherungsverbot nicht zulässig ist.[542] Bei einem unbezifferten Schadensersatzverlangen müssen weitere Umstände des Einzelfalls berücksichtigt werden. Ein Rücktritt kann insbesondere anzunehmen sein, wenn der Gläubiger ankündigt, die eigene Leistung zu behalten, oder wenn er den Schuldner zur Rückgewähr einer Vorleistung auffordert.

### *II. Isoliertes Schadensersatzverlangen*

Macht der Gläubiger den Schadensersatz statt der Leistung ohne eine ausdrückliche Rücktrittserklärung geltend, kann ein konkludenter Rücktritt vorliegen. Die Rechtsfolgen des § 346 Abs. 1 BGB greifen nämlich auch dann ein, wenn einem Verhalten im Wege der Auslegung zu entnehmen ist, dass der Leistungsaustausch gestoppt bzw. ein bereits vollzogener Leistungsaustausch rückgängig gemacht werden soll.[543] Eine Rücktrittserklärung kann in dem Schadensersatzverlangen enthalten sein. Anhaltspunkte können sich daraus ergeben, in welcher Höhe der Gläubiger seinen Schaden beziffert. Für § 281 Abs. 1 S. 1 Alt. 1 BGB und §§ 283 S. 1, 311a Abs. 2 S. 1 BGB ergibt sich abermals ein differenziertes Bild.

#### *1. § 281 Abs. 1 S. 1 Alt. 1 BGB*

Bei einem isolierten Schadensersatzverlangen gemäß § 281 Abs. 1 S. 1 Alt. 1 BGB wird ein konkludenter Rücktritt jedenfalls dann ausscheiden, wenn der Gläubiger den vollen Wert der ausgebliebenen Schuldnerleistung verlangt. Nach dem schadensrechtlichen Bereicherungsverbot ist es nicht zulässig, die eigene Leistung zu behalten und zugleich vollen Schadensersatz zu fordern.[544] Mit einem solchen Schadensersatzverlangen bringt der Gläubiger aber zum Ausdruck, dass er nach der Surrogationstheorie vorgehen will. Dadurch entsteht grundsätzlich keine Bindungswirkung, so dass ein Wechsel zu einer Schadensberechnung nach der Differenztheorie noch möglich ist.[545]

---

541 Oben Kap. 3 D II 1 a.

542 Oben Kap. 3 C II 1.

543 Vgl. *Staudinger/Kaiser* (2004), § 349 Rdn. 10.

544 Oben Kap. 3 C II 1.

545 Oben Kap. 4 A I 1 c aa.

Begehrt der Gläubiger dagegen die Differenz aus dem Wert beider Leistungspflichten, wird darin ein konkludenter Rücktritt vom Vertrag enthalten sein. Eine Schadensberechnung nach der Differenztheorie ist nämlich im Fall des § 281 Abs. 1 S. 1 Alt. 1 BGB ohne einen Rücktritt vom Vertrag nicht möglich.[546] An den Rücktritt ist der Gläubiger gebunden. Er kann diese Entscheidung nicht mehr widerrufen und zu einer Schadensberechnung nach der Surrogationstheorie wechseln.[547]

Beziffert der Gläubiger seinen Schadensersatzanspruch zunächst nicht, sondern verlangt er schlicht „Schadensersatz", wird man im Einzelfall unter Berücksichtigung aller Umstände ermitteln müssen, ob eine Rücktrittserklärung vorliegt. Indiz für einen Rücktritt kann ein Verhalten sein, mit dem der Gläubiger zum Ausdruck bringt, dass er die eigene Leistung nicht mehr erbringt bzw. zurückverlangt. Beides kann er im Fall des § 281 Abs. 1 S. 1 Alt. 1 BGB nur mit einem Rücktritt vom Vertrag erreichen.[548] Hingegen spräche gegen einen Rücktritt, wenn der Gläubiger seine Gegenleistung anbietet oder dem Schuldner mitteilt, er könne eine Vorleistung behalten.

### *2. §§ 283 S. 1, 311a Abs. 2 S. 1 BGB*

Verlangt der Gläubiger Schadensersatz gemäß § 283 S. 1 BGB oder gemäß § 311a Abs. 2 S. 1 BGB, ohne gleichzeitig zurückzutreten, muss für die Frage, ob ein konkludenter Rücktritt vorliegt, das differenzierte Schicksal der Gegenleistungspflicht berücksichtigt werden.

Greift § 326 Abs. 1 S. 1 BGB nicht ein und bleibt der Gläubiger daher zu seiner eigenen Leistung verpflichtet, besteht dieselbe Ausgangslage wie im Fall des § 281 Abs. 1 S. 1 Alt. 1 BGB.[549] Ein konkludenter Rücktritt wird daher vorliegen, wenn der Gläubiger die Differenz aus dem Wert beider Leistungen fordert, weil die Differenztheorie bei isolierter Schadensberechnung nicht anwendbar ist.[550] Der Rücktritt ist unwiderruflich, so dass ein Wechsel zur Surrogationstheorie nicht mehr möglich ist.[551] Dagegen wird kein konkludenter Rücktritt anzunehmen sein, wenn der Gläubiger den vollen Wert der ausgebliebenen Schuldnerleistung geltend macht; dies wäre nach dem schadensrechtlichen Bereicherungsverbot unzulässig.[552] Bei einem unbezifferten Schadensersatzverlangen

---

[546] Oben Kap. 3 C II 2.
[547] Oben Kap. 4 A II 1 d bb.
[548] Oben Kap. 3 B II; Kap. 3 D II 1 b.
[549] Dazu soeben Kap. 4 B II 1.
[550] Oben Kap. 3 C II 2.
[551] Oben Kap. 4 A II 1 d bb.
[552] Oben Kap. 3 C II 1.

müssen weitere Umstände des Einzelfalls hinzugezogen werden. Für einen Rücktritt kann insbesondere sprechen, dass der Gläubiger signalisiert, er werde seine eigene Leistung behalten bzw. zurückverlangen.

Ist § 326 Abs. 1 S. 1 BGB einschlägig, wird in einem Schadensersatzverlangen des Gläubigers kein konkludenter Rücktritt enthalten sein. Denn in diesem Fall besteht unabhängig von einem Rücktritt ein Wahlrecht zwischen der Differenz- und der Surrogationstheorie.[553] Folglich ist selbst dann nicht von einer Erklärung i. S. v. §§ 346 ff. BGB auszugehen, wenn die Differenz aus dem Wert beider Leistungspflichten gefordert wird. An das isolierte Schadensersatzverlangen ist der Gläubiger grundsätzlich nicht gebunden.[554]

---

553 Oben Kap. 3 C II 2; Kap. 3 C III 2.

554 Oben Kap. 4 A I 3; Kap. 4 A II 2 a.

## KAPITEL 5. FAZIT

Bei gegenseitigen Verträgen kann der Schadensersatz statt der Leistung gemäß §§ 281 Abs. 1 S. 1 Alt. 1, 283 S. 1, 311a Abs. 2 S. 1 BGB wahlweise nach der Differenz- oder nach der Surrogationstheorie geltend gemacht werden. Der Gläubiger kann seine Gegenleistung erbringen und vollen Schadensersatz für die ausgebliebene Leistung verlangen (Surrogationstheorie) oder seine Gegenleistung behalten und die Differenz aus dem Wert beider Leistungspflichten fordern (Differenztheorie).

Im Fall des § 281 Abs. 1 S. 1 Alt. 1 BGB trifft der Gläubiger seine Wahl, indem er entweder nur Schadensersatz verlangt oder zusätzlich gemäß § 323 Abs. 1 Alt. 1 BGB vom Vertrag zurücktritt. Zur Kombination beider Rechtsbehelfe ist er gemäß § 325 BGB berechtigt.[555] Mit einem Rücktritt richtet sich die Schadensberechnung nach der Differenztheorie[556], ohne einen Rücktritt nach der Surrogationstheorie[557].

In den Fällen der §§ 283 S. 1, 311a Abs. 2 S. 1 BGB ist zu unterscheiden: Erlischt die Gegenleistungspflicht gemäß § 326 Abs. 1 S. 1 BGB, kann die Differenztheorie auch ohne Rücktritt angewendet werden.[558] Andererseits ist auch eine Abrechnung nach der Surrogationstheorie möglich. § 326 Abs. 1 S. 1 BGB bestimmt nur, dass der Gläubiger seine Gegenleistung nicht mehr erbringen muss, regelt aber nicht, ob er sie noch erbringen darf.[559] Greift § 326 Abs. 1 S. 1 BGB ausnahmsweise nicht ein, muss der Gläubiger gemäß §§ 326 Abs. 5, 323 BGB vom Vertrag zurücktreten, damit er frei wird.[560] Dann kommt ebenso wie bei § 281 Abs. 1 S. 1 Alt. 1 BGB mit einem Rücktritt die Differenztheorie[561] und bei isolierter Schadensberechnung die Surrogationstheorie[562] zum Zuge.

Hat der Gläubiger seine Gegenleistung bereits erbracht, kann er sie - anders als nach altem Recht - gemäß § 346 Abs. 1 BGB zurückverlangen und Schadensersatz nach der Differenztheorie fordern. Im Fall des § 281 Abs. 1 S. 1 Alt. 1 BGB muss er dafür seinen Schadensersatzanspruch mit einem Rücktritt vom Vertrag kombinieren.[563] In den Fällen der §§ 283 S. 1, 311a Abs. 2 S. 1 BGB ist kein Rücktritt erforderlich, wenn die Gegenleistungspflicht gemäß

555 Kap. 3 B I 2 c.

556 Kap. 3 C II 1.

557 Kap. 3 C III 1.

558 Kap. 3 C II 2.

559 Kap. 3 C III 2 a.

560 Kap. 3 B I 2 b.

561 Kap. 3 C II 1.

562 Kap. 3 C III 2.

563 Kap. 3 D II 1 b.

§ 326 Abs. 1 S. 1 BGB erlischt; dann besteht das Rückforderungsrecht bereits gemäß § 326 Abs. 4 BGB.[564] Greift § 326 Abs. 1 S. 1 BGB nicht ein, muss der Gläubiger wie im Fall des § 281 Abs. 1 S. 1 BGB zusätzlich vom Vertrag zurücktreten, damit der Rückgewähranspruch entsteht.[565]

Die Entscheidung für den Rücktritt ist unwiderruflich und hat zur Folge, dass der Schaden zwangsläufig[566] und unumkehrbar[567] nach der Differenztheorie zu berechnen ist.

Hingegen ist ein isoliertes Schadensersatzverlangen grundsätzlich unverbindlich. Der Gläubiger, der zunächst vollen Schadensersatz für die ausgebliebene Schuldnerleistung geltend gemacht hat, kann nachträglich zurücktreten und damit zu einer Abrechnung nach der Differenztheorie wechseln.[568] In den Fällen der §§ 283 S. 1, 311a Abs. 2 S. 1 BGB ist ein Wechsel zur Differenztheorie auch durch eine Änderung der isolierten Schadensberechnung möglich, und zwar dann, wenn § 326 Abs. 1 S. 1 BGB eingreift.[569] Nur ausnahmsweise ist dem Gläubiger eine Abkehr von der Surrogationstheorie verwehrt: Er verstößt gegen das aus § 242 BGB abzuleitende Verbot des venire contra factum proprium, wenn sich der Schuldner durch eine Vertrauensdisposition auf die Schadensberechnung nach der Surrogationstheorie eingestellt hat.[570] Ein isoliertes Schadensersatzbegehren nach der Differenztheorie ist ebenfalls grundsätzlich unverbindlich. Da kein Rücktritt vorliegt, kann der Gläubiger seine Entscheidung korrigieren und den vollen Wert der ausgebliebenen Schuldnerleistung als Schadensersatz verlangen.[571] Grenzen werden hier ebenfalls durch § 242 BGB gezogen. Der Übergang zur Surrogationstheorie ist unzulässig, sobald der Schuldner im Vertrauen auf die Schadensberechnung nach der Differenztheorie eine Disposition getroffen hat.[572]

In der Praxis muss durch Auslegung ermittelt werden, nach welcher Berechnungsmethode der Gläubiger vorgeht. Insbesondere ist festzustellen, ob er nur Schadensersatz verlangt oder zusätzlich vom Vertrag zurücktritt. Selbst bei einer ausdrücklichen Kombination beider Rechtsbehelfe muss nicht immer ein Rück-

---

[564] Kap. 3 D II 1 a.
[565] Kap. 3 D II 1 a.
[566] Kap. 3 C II 1.
[567] Kap. 4 A II 1 d bb.
[568] Kap. 4 A I 1 c aa.
[569] Kap. 4 A I 3.
[570] Kap. 4 A I 1 c bb (b) (aa); Kap. 4 A I 3.
[571] Kap. 4 A II 2 a.
[572] Kap. 4 A II 2 b.

tritt i. S. v. §§ 346 ff. BGB vorliegen.[573] Andererseits kann in einem isolierten Schadensersatzverlangen eine Rücktrittserklärung enthalten sein.[574]

Trotz der Neuregelung des § 325 BGB wird es ratsam sein, den Schadensersatz statt der Leistung nur zurückhaltend mit einem Rücktritt vom Vertrag zu verbinden. Indem auf einen u. U. voreiligen Rücktritt verzichtet wird, kann die Gefahr einer frühzeitigen Beschränkung auf eine Schadensberechnung nach der Differenztheorie vermieden werden. Unter dem Gesichtspunkt der anwaltlichen Sorgfalt wird damit auch das Haftungsrisiko minimiert.

---

573 Kap. 4 B I 2 c.

574 Kap. 4 B II.

# ANHANG

## A. Literaturverzeichnis


*Arnold*, Rücktritt und Schadensersatz, ZGS 2003, 427 ff.

*Ascheid u. a.*, Kündigungsrecht, 2. Auflage, München 2004.

*Bamberger/Roth*, Kommentar zum Bürgerlichen Gesetzbuch, Band 1: §§ 1-610, München 2003.

*Beater*, Generalklauseln und Fallgruppen, AcP 194 (1994), S. 82 ff.

*Becker*, Gestaltungsrecht und Gestaltungsgrund, AcP 188 (1988), S. 24 ff.

*Blomeyer*, Studien zur Bedingungslehre, Band 1: Über bedingte Verpflichtungsgeschäfte, Berlin, Leipzig 1938.

- Der „Anspruch" auf Wandlung oder Minderung, AcP 151 (1950/51), S. 97 ff.

- Allgemeines Schuldrecht, 4. Auflage, Berlin, Frankfurt/M 1969.

*Boerner*, Kaufrechtliche Sachmängelhaftung und Schuldrechtsreform, ZIP 2001, 2264 ff.

*Böhlk/Unterseher*, Die Folgen der Folgenorientierung, JuS 1980, 323 ff.

*Bötticher*, Gestaltungsrecht und Unterwerfung im Privatrecht, Berlin 1964.

*Braga*, Der Schadensersatzanspruch nach § 326 BGB und die Aufrechnung und Abtretung (§ 404 und § 406 BGB), MDR 1959, 437 ff.

*Brox/Rüthers/Henssler*, Arbeitsrecht, 16. Auflage, Stuttgart 2004.

*Bülow*, Bindung des Gläubigers an seine Wahlausübung nach Schuldnerverzug oder Unmöglichkeit der Leistung, JZ 1979, 430 ff.

*Bürck*, Wahlrecht des Gläubigers nach §§ 325, 326 BGB - BGH, NJW 1971, 1560, JuS 1973, 347 ff.

*Bydlinski*, Juristische Methodenlehre und Rechtsbegriff, 2. Auflage, Wien, New York 1991.

*Canaris*, Die Vertrauenshaftung im Deutschen Privatrecht, München 1971.

- Die Reform des Rechts der Leistungsstörungen, JZ 2001, 499 ff.

*Dauner-Lieb u. a.*, Fälle zum Neuen Schuldrecht, Heidelberg 2002.

- Anwaltkommentar BGB, Band 2: Schuldrecht, Teilband 1: §§ 241 bis 610, Bonn 2005.

*van den Daele*, Probleme des gegenseitigen Vertrages. Untersuchungen zur Äquivalenz gegenseitiger Leistungspflichten, Diss. Hamburg 1968.

*Derleder*, Der Wechsel zwischen den Gläubigerrechten bei Leistungsstörungen und Mängeln, NJW 2003, 998 ff.

*Eckert*, Schuldrecht Allgemeiner Teil, 4. Auflage, Baden-Baden 2005.

*Emmerich*, Das Recht der Leistungsstörungen, 6. Auflage, München 2005.

*Enneccerus/Lehmann*, Recht der Schuldverhältnisse, 15. Auflage, Tübingen 1958.

*Erman*, Handkommentar zum Bürgerlichen Gesetzbuch

- Band 1: §§ 1-853, 10. Auflage, Münster, Köln 2000.

- Band 1: §§ 1-811, 11. Auflage, Münster, Köln 2004.

*Esser/Schmidt*, Schuldrecht Band I, Allgemeiner Teil, Teilband 1, 7. Auflage, Heidelberg 1992.

- Schuldrecht Band I, Allgemeiner Teil, Teilband 2, 8. Auflage, Heidelberg 2000.

*Fikentscher/Heinemann*, Schuldrecht, 10. Auflage, Berlin 2006.

*Flume*, Allgemeiner Teil des Bürgerlichen Rechts, Band II: Das Rechtsgeschäft, 4. Auflage, Berlin, Heidelberg, New York 1992.

*Füssenich*, Differenz- und Surrogationstheorie im neuen Schuldrecht, JA 2004, 403 ff.

*Gaier*, Das Rücktritts(folgen)recht nach dem Schuldrechtsmodernisierungsgesetz, WM 2002, 1 ff.

*Gebauer*, Naturalrestitution beim Schadensersatz wegen Nichterfüllung, Diss. Tübingen 2002.

*Gernhuber*, Handbuch des Bürgerlichen Rechts, Band 8: Das Schuldverhältnis. Begründung und Änderung, Pflichten und Strukturen, Drittwirkungen, Tübingen 1989.

*Gsell*, Der Schadensersatz statt der Leistung nach neuem Schuldrecht, in: Jahrbuch Junger Zivilrechtswissenschaftler 2001, S. 105 ff.

- Das Verhältnis von Rücktritt und Schadensersatz, JZ 2004, 643 ff.

*Heck*, Grundriß des Schuldrechts, Tübingen 1929.

*Hirsch*, Allgemeines Schuldrecht, 5. Auflage, Köln, Berlin, München 2004.

*Homann*, Typische Probleme des Schadensersatzrechts und ihre systematische Einordnung, JuS 2002, 554 ff.

*Honsell*, Herkunft und Kritik des Interessebegriffs im Schadensersatzrecht, JuS 1973, 69 ff.

*Huber*, Leistungsstörungen Band II, Die Folgen des Schuldnerverzuges - Die Erfüllungsverweigerung und die vom Schuldner zu vertretende Unmöglichkeit, Tübingen 1999.

- Der Eigentumsvorbehalt im Synallagma, ZIP 1987, 750 ff.

- Die Pflichtverletzung als Grundtatbestand der Leistungsstörung im Diskussionsentwurf eines Schuldrechtsmodernisierungsgesetzes, ZIP 2000, 2273 ff.

*Huber/Faust*, Schuldrechtsmodernisierung, München 2002.

*Hübner*, Allgemeiner Teil des Bürgerlichen Gesetzbuchs, 2. Auflage, Berlin, New York 1996.

*Hütte/Helbron*, Schuldrecht Allgemeiner Teil, 4. Auflage, Grasberg bei Bremen 2007.

*Jauernig*, Bürgerliches Gesetzbuch, 12. Auflage, München 2007.

*Kaiser*, Die Rückabwicklung gegenseitiger Verträge wegen Nicht- und Schlechterfüllung nach BGB, Tübingen 2000.

- Rückkehr zur strengen Differenzmethode beim Schadensersatz wegen Nichterfüllung?, NJW 2001, 2425 ff.

*Kaufmann*, Rechtsphilosophie zum Mitdenken, JURA 1992, 297 ff.

*Keuk*, Vermögensschaden und Interesse, Bonn 1972.

*Kipp*, Rechtswahrnehmung und Reurecht, in: Festgabe für Richard Koch, Berlin 1903, S. 110 ff.

- Worin besteht der Schadensersatz wegen Nichterfüllung eines gegenseitigen Vertrages?, in: Gutachten für den 27. Deutschen Juristentag 1904, S. 249 ff.

*Kisch*, Der Schadensersatz wegen Nichterfüllung bei gegenseitigen Verträgen, JherJb 44 (1902), S. 68 ff.

*Kleineidam*, Unmöglichkeit und Unvermögen nach dem Bürgerlichen Gesetzbuche für das Deutsche Reich, Jena 1900.

*Klinke*, Causa und genetisches Synallagma, Berlin 1983.

*Kohler*, Die gestörte Rückabwicklung gescheiterter Austauschverträge, Köln, Berlin, Bonn, München 1989.

- Bemerkungen zur vorgeschlagenen Überarbeitung des Rücktrittsrechts, WM 1993, 45 ff.

*Kohte u. a.*, Das neue Schuldrecht, Kompaktkommentar, Neuwied 2003.

*Krause*, Die Leistungsverzögerung im neuen Schuldrecht (Teil II), JURA 2002, 299 ff.

*Larenz*, Schuldrecht I, 14. Auflage, München 1987.

- Methodenlehre der Rechtswissenschaft, 6. Auflage, Berlin, Heidelberg, New York 1991.

*Larenz/Wolf*, Allgemeiner Teil des Bürgerlichen Rechts, 9. Auflage, München 2004.

*Leser*, Der Rücktritt vom Vertrag, Tübingen 1975.

- Lösung vom Vertrag. Eine vergleichende Betrachtung, in: Festschrift für Ernst Wolf, Köln, Berlin, Bonn, München 1985, S. 373 ff.

*Leverenz*, Die Gestaltungsrechte des Bürgerlichen Rechts, JURA 1996, 1 ff.

*Lindacher*, Definität und Revisibilität der Gläubigerentscheidungen nach § 326 BGB, JZ 1980, 48 ff.

*Looschelders*, Schuldrecht Allgemeiner Teil, 5. Auflage, Köln, Berlin, München 2007.

*Lorenz/Riehm*, Lehrbuch zum neuen Schuldrecht, München 2002.

*Martinek*, Anmerkung zum Urteil des BGH vom 20.9.1995 - VIII ZR 52/94, JZ 1996, 470 ff.

*Mattheus*, Schuldrechtsmodernisierung 2001/2002 - Die Neuordnung des allgemeinen Leistungsstörungsrechts, JuS 2002, 209 ff.

*v. Mayr*, Worin besteht der Schadensersatz wegen Nichterfüllung eines gegenseitigen Vertrages?, in: Gutachten für den 27. Deutschen Juristentag 1904, S. 167 ff.

*Medicus*, Bürgerliches Recht, 20. Auflage, Köln, Berlin, München 2004.

- Allgemeiner Teil des BGB, 9. Auflage, Heidelberg 2006.
- Schuldrecht I, Allgemeiner Teil, 17. Auflage, München 2006.

*Meincke*, Rechtsfolgen nachträglicher Unmöglichkeit der Leistung beim gegenseitigen Vertrag, AcP 171 (1971), S. 19 ff.

Münchener Kommentar zum Bürgerlichen Gesetzbuch

- Band 1. Halbband 1. Allgemeiner Teil (§§ 1-240), 5. Auflage 2006.
- Band 2. Schuldrecht Allgemeiner Teil (§§ 241-432), 3. Auflage 1994.
- Band 2. Schuldrecht Allgemeiner Teil (§§ 241-432), 4. Auflage 2001.
- Band 2a. Schuldrecht Allgemeiner Teil (§§ 241-432), 4. Auflage 2003.
- Band 4. Schuldrecht Besonderer Teil II (§§ 611-704), 4. Auflage 2005.

*Niederländer*, Rückforderung der Kaufsache und Schadensersatz. Bemerkungen zum Verhältnis von Schadensersatz und Rücktritt, in: Festschrift für Eduard Wahl, Heidelberg 1973, S. 243 ff.

*Oertmann*, Kommentar zum Bürgerlichen Gesetzbuch und seinen Nebengesetzen. Zweites Buch. Recht der Schuldverhältnisse, §§ 241- 432, 5. Auflage, Berlin 1928.

*Palandt*, Bürgerliches Gesetzbuch

- 61. Auflage, München 2002.
- 66. Auflage, München 2007.

*Planck*, Kommentar zum Bürgerlichen Gesetzbuch nebst Einführungsgesetz, Band II. Recht der Schuldverhältnisse

- 1./2. Auflage, Berlin 1900.
- 4. Auflage, Berlin 1914.

*Rabel*, Das Recht des Warenkaufs, 1. Band, Berlin 1964.

*Reischl*, Grundfälle zum neuen Schuldrecht, JuS 2003, 453 ff.

RGRK, Das Bürgerliche Gesetzbuch mit besonderer Berücksichtigung der Rechtsprechung des Reichsgerichts und des Bundesgerichtshofes, Band II, 1. Teil: §§ 241-413, 12. Auflage, Berlin, New York 1976.

*Rüthers/Stadler*, Allgemeiner Teil des BGB, 14. Auflage, München 2006.

*Schaub u. a.*, Arbeitsrechts-Handbuch, 11. Auflage, München 2005.

*Schmalz*, Methodenlehre für das juristische Studium, 4. Auflage, Baden-Baden 1998.
*Schmidt-Rimpler*, Die Gegenseitigkeit bei einseitig bedingten Verträgen, insbesondere beim Versicherungsvertrag, zugleich ein Beitrag zur Lehre vom Synallagma, Stuttgart 1968.
*Schöller*, Der Schadensersatz wegen Nichterfüllung bei gegenseitigen Verträgen nach dem B.G.B., in: Gruchot 44 (1900), S. 603 ff.
- Nochmals der Schadensersatz wegen Nichterfüllung bei gegenseitigen Verträgen nach dem B.G.B., in: Gruchot 45 (1901), S. 511 ff.
*Schollmeyer*, Recht der Schuldverhältnisse, München 1900.
*Schreiber*, Sachenrecht, 4. Auflage, Stuttgart, München, Hannover, Berlin, Weimar, Dresden 2003.
*Schulze/Ebers*, Streitfragen im neuen Schuldrecht, JuS 2004, 366 ff.
*Schulze/Schulte-Nölke u. a.*, Die Schuldrechtsreform vor dem Hintergrund des Gemeinschaftsrechts, Tübingen 2001.
*Schulze/Dörner u. a.*, Bürgerliches Gesetzbuch, Handkommentar, 5. Auflage, Baden-Baden 2007.
*Schwarze*, Unmöglichkeit, Unvermögen und ähnliche Leistungshindernisse im neuen Leistungsstörungsrecht, JURA 2002, 73 ff.
*Seckel*, Die Gestaltungsrechte des Bürgerlichen Rechts, in: Festgabe für Richard Koch, Leipzig 1903, S. 205 ff.
*Soergel*, Bürgerliches Gesetzbuch mit Einführungsgesetz und Nebengesetzen
- Band 2. Allgemeiner Teil (§§ 104-240), 13. Auflage, Stuttgart, Berlin, Köln, Mainz 1999.
- Band 2. Schuldrecht I (§§ 241-432), 12. Auflage, Stuttgart, Berlin, Köln 1990.
- Band 5/2. Schuldrecht 3/2 (§§ 320-327), 13. Auflage, Stuttgart 2005.
*Staffel*, Zur Erläuterung der §§ 326, 326 B.G.B., AcP 92 (1902), S. 467 ff.
*v. Staudinger*, Kommentar zum Bürgerlichen Gesetzbuch mit Einführungsgesetz und Nebengesetzen
- Buch 1. Allgemeiner Teil 3, §§ 90-133, Berlin, Neubearb. 2004.
- Buch 1. Allgemeiner Teil 4, §§ 134-163, Berlin, Neubearb. 2003.
- Buch 2. Recht der Schuldverhältnisse, Einl. zu §§ 241 ff., §§ 241-243, Berlin, Neubearb. 2005.
- Buch 2. Recht der Schuldverhältnisse, §§ 249-254, Berlin, Neubearb. 2005.
- Buch 2. Recht der Schuldverhältnisse, §§ 255-304, Berlin, Neubearb. 2004.
- Buch 2. Recht der Schuldverhältnisse, §§ 315-327, Berlin, Neubearb. 2001.
- Buch 2. Recht der Schuldverhältnisse, §§ 315-326, Berlin, Neubearb. 2004.
- Buch 2. Recht der Schuldverhältnisse, §§ 328-361b, Berlin, Neubearb. 2001.
- Buch 2. Recht der Schuldverhältnisse, §§ 328-359, Berlin, Neubearb. 2004.

*Stoll*, Die Wirkungen des vertragsmäßigen Rücktritts, Diss. Bonn 1921.

*Sutschet*, Austausch- und Differenztheorie nach der Schuldrechtsreform, JURA 2006, 586 ff.

*Teichmann*, Venire contra factum proprium - Ein Teilaspekt rechtsmißbräuchlichen Handelns, JA 1985, 497 ff.

*Titze*, Die Unmöglichkeit der Leistung nach deutschem bürgerlichen Recht, Leipzig 1900.

*v. Tuhr*, Worin besteht der Schadensersatz wegen Nichterfüllung eines gegenseitigen Vertrages?, DJZ 1904, 759 ff.

*Weitnauer*, Vertragsaufhebung und Schadensersatz nach dem Einheitlichen Kaufgesetz nach geltendem deutschem Recht, in: Festschrift zum fünfzigjährigen Bestehen des Instituts für ausländisches und internationales Privat- und Wirtschaftsrecht der Universität Heidelberg, Heidelberg 1967, S. 71 ff.

- Die elektive Konkurrenz, in: Festschrift für Wolfgang Hefermehl, München 1976, S. 467 ff.

*Westermann u. a.*, Das Schuldrecht 2002, Systematische Darstellung der Schuldrechtsreform, Stuttgart, München, Hannover, Berlin, Weimar, Dresden 2002.

*Wieling*, Venire contra factum proprium und Verschulden gegen sich selbst, AcP 176 (1976), S. 334 ff.

*Wilhelm*, Schuldrechtsreform 2001, JZ 2001, 861 ff.

*Witter*, Die Differenztheorie im Schadensersatzrecht, Diss. Marburg 1980.

*Wolf, Ernst*, Lehrbuch des Schuldrechts, Erster Band: Allgemeiner Teil, Köln, Berlin, Bonn, München 1978.

- Rücktritt, Vertretenmüssen und Verschulden, AcP 153 (1954), S. 97 ff.

*Wolf, Manfred*, Neue Literatur zum Synallagma, Juristische Analysen 1969, S. 119 ff.

*Wolff*, Zuwendungsrisiko und Restitutionsinteresse. Struktur und Rückabwicklung von Zuwendungen dargestellt am Beispiel von Synallagma und Leistungskondiktion, Berlin 1998.

*Zeiss/Schreiber*, Zivilprozessrecht, 10. Auflage, Tübingen 2003.

*Zimmer*, Das neue Recht der Leistungsstörungen, NJW 2002, 1 ff.

## B. Abkürzungsverzeichnis

| | |
|---|---|
| Abs. | Absatz |
| AcP | Archiv für die civilistische Praxis |
| a. E. | am Ende |
| a. F. | alte Fassung |
| Allg. | Allgemein |
| Alt. | Alternative |
| a. M. | anderer Meinung |
| Anm. | Anmerkung |
| AnwKomm | Anwaltkommentar |
| AT | Allgemeiner Teil |
| | |
| BB | Der Betriebs-Berater |
| Bd. | Band |
| BGB | Bürgerliches Gesetzbuch |
| BGBl. | Bundesgesetzblatt |
| BGH | Bundesgerichtshof |
| BGHZ | Entscheidungen des Bundesgerichtshofs in Zivilsachen |
| BT-Drs. | Bundestag-Drucksache |
| bzw. | beziehungsweise |
| | |
| DB | Der Betrieb |
| ders. | derselbe |
| dies. | dieselbe |
| d. h. | das heißt |
| DJT | Deutscher Juristentag |
| DJZ | Deutsche Juristenzeitung |
| Diss. | Dissertation |
| | |
| Einl. | Einleitung |
| einschr. | einschränkend |
| etc. | et cetera |
| evtl. | eventuell |
| | |
| f., ff. | folgende |
| Fn. | Fußnote |

| | |
|---|---|
| FS | Festschrift |
| gem. | gemäß |
| Ges. | Gesetz |
| ggf. | gegebenenfalls |
| grds. | grundsätzlich |
| Handkomm. | Handkommentar |
| HGB | Handelsgesetzbuch |
| hrsg. | herausgegeben |
| Hs. | Halbsatz |
| i. E. | im Ergebnis |
| i. H. v. | in Höhe von |
| i. H. d. | in Höhe der |
| i. S. v. | im Sinne von |
| i. V. m. | in Verbindung mit |
| Jb.J.ZivRWiss | Jahrbuch Junger Zivilrechtswissenschaftler |
| JherJb | Jherings Jahrbücher für die Dogmatik des bürgerlichen Rechts |
| JA | Juristische Arbeitsblätter |
| jew. | jeweils |
| JURA | Juristische Ausbildung |
| JurA | Juristische Analysen |
| JuS | Juristische Schulung |
| JW | Juristische Wochenschrift |
| JZ | Juristenzeitung |
| Kap. | Kapitel |
| KE | Kommissionsentwurf |
| KG | Kammergericht |
| Kompaktkomm | Kompaktkommentar |
| krit. | kritisch |
| LG | Landgericht |
| MDR | Monatsschrift für Deutsches Recht |

| | |
|---|---|
| MünchKomm | Münchener Kommentar |
| m. w. N. | mit weiteren Nachweisen |
| Neubearb. | Neubearbeitung |
| NJW | Neue Juristische Wochenschrift |
| NJW-RR | NJW-Rechtsprechungs-Report |
| Nr. | Nummer |
| OLG | Oberlandesgericht |
| Rdn. | Randnummer |
| RE | Regierungsentwurf |
| RG | Reichsgericht |
| RGRK | Reichsgerichtsrätekommentar |
| RGZ | Entscheidungen des Reichsgerichts in Zivilsachen |
| S. | Satz, Seite |
| SeuffArch | Seufferts Archiv für Entscheidungen der obersten Gerichte in den deutschen Staaten |
| sog. | sogenannt |
| u. a. | und andere |
| unstr. | unstreitig |
| u. U. | unter Umständen |
| v. | von, vom |
| vgl. | vergleiche |
| WarnR | Warneyer, Die Rechtsprechung des Reichsgerichts |
| WM | Zeitschrift für Wirtschafts- und Bankrecht, Wertpapiermitteilungen |
| z. B. | zum Beispiel |
| ZGS | Zeitschrift für das gesamte Schuldrecht |
| ZIP | Zeitschrift für Wirtschaftsrecht und Insolvenzpraxis |
| ZPO | Zivilprozessordnung |

Peter Lang · Internationaler Verlag der Wissenschaften

Ivo du Mont

# Die Kombination von Rücktritt und Schadensersatz im neuen Schuldrecht

**Eine ökonomische und rechtsvergleichende Analyse am Beispiel des Kaufvertrags**

Frankfurt am Main, Berlin, Bern, Bruxelles, New York, Oxford, Wien, 2007.
365 S., zahlr. Tab.
Saarbrücker Studien zum Privat- und Wirtschaftsrecht.
Herausgegeben von Paul Bauer, Michael Martinek und Helmut Rüßmann.
Bd. 57
ISBN 978-3-631-56151-5 · br. € 56.50*

Die Arbeit untersucht das Recht des Gläubigers im neuen Schuldrecht, bei einer Leistungsstörung Rücktritt und Schadensersatz zu verbinden. Der Autor hinterfragt, ob die Kombination der beiden Rechtsbehelfe den richtigen Schranken unterliegt. Das Ziel ist dabei, Empfehlungen für die Anwendung des neuen Rechts zu entwickeln. Nach einer systematischen Aufbereitung der im Gesetz vorgesehenen Schranken wird die Frage nach der richtigen Beschränkung der Kombination aus Sicht der ökonomischen Analyse und der Rechtsvergleichung untersucht. Hieraus lassen sich konkrete Vorschläge für die Auslegung des geltenden Schuldrechts ableiten – sowie Vorschläge zur Änderung des Gesetzestextes.

*Aus dem Inhalt:* System von Schadensersatz und Rücktritt im neuen BGB · Entwicklung der Unterscheidung von Befreiung und Rückgabe · Ökonomische und rechtsvergleichende Analyse der Kombination von Schadensersatz und Rücktritt · Befreiung und Nachfrist · Rückgabe und Verhältnismäßigkeit · Vorschläge für die Auslegung des BGB

Frankfurt am Main · Berlin · Bern · Bruxelles · New York · Oxford · Wien
Auslieferung: Verlag Peter Lang AG
Moosstr. 1, CH-2542 Pieterlen
Telefax 00 41 (0) 32 / 376 17 27

*inklusive der in Deutschland gültigen Mehrwertsteuer
Preisänderungen vorbehalten

**Homepage http://www.peterlang.de**

FSC
www.fsc.org
MIX
Papier | Fördert gute Waldnutzung
FSC® C083411

Kolibri 360 GmbH
Ferdinand-Jühlke-Straße 7
99095 Erfurt, Deutschland
produktsicherheit@kolibri360.de

Druck:
CPI Druckdienstleistungen GmbH
im Auftrag der
Kolibri 360 GmbH
Ferdinand-Jühlke-Str. 7
99095 Erfurt